এক অদ্ভুত উপহার

প্রতি ঃ ... ...

নেটওয়ার্ক মার্কেটিং-য়ের ক্ষেত্রে আপনারা

সফলতার শীর্ষে পৌঁছন...

এই শুভ কামনার সাথে

আসুন আনুন জিতুন

পুস্তকের এই কপি আমি হৃদয়ের অন্তঃস্থল

থেকে আপনাদের প্রতি সমর্পিত করছি !

স্নেহ এবং সম্মানের সাথে

তারিখ　　　　　　উপহার প্রদানকারী

... ...

নেটওয়ার্ক মার্কেটিং

আসুন

আনুন

জিতুন

প্রখ্যাত বিচারক ডাঃ উজ্জ্বল পাটনী রচিত অন্যান্য পুস্তক

Network Marketing : Join Add Win
মেডিক্রেস্ট ইণ্ডিয়া বুকস্

সফল বক্তা, সফল ব্যক্তি
ডায়মণ্ড বুকস্

Great Words, Win Hearts
Fusion Books

জিতুন বা হারুন – তৈরী থাকুন
মেডিক্রেস্ট ইণ্ডিয়া বুকস্

নেটওয়ার্ক মার্কেটিং ঃ কতটা সত্যি, কতটা মিথ্যা
মেডিক্রেস্ট ইণ্ডিয়া বুকস্

আসুন আনুন জিতুন

ভারতের প্রখ্যাত নেটওয়ার্ক কন্সালট্যান্ট এবং স্পীচ গুরুর থেকে জানুন নেটওয়ার্ক মার্কেটিং-য়ে আসার, আনার এবং জেতার আর্ট!

ডাঃ উজ্জ্বল পাটনী

B.D.S., M.B.A., M.A., C.C.P., C.H.R.

ডায়মণ্ড বুক্স

প্রকাশক ঃ ডায়মণ্ড পকেট বুক্স (প্রা.) লিমিটেড
X - 30, ওখলা ইণ্ডাস্ট্রিয়াল এরিয়া, ফেজ - II
নূতন দিল্লী - 110 020
ফোন ঃ 011 - 40712200

ই-মেল ঃ sales@dpb.in
ওয়েবসাইট ঃ www.diamondbooks.in

ASUN ANUN JITUN (BENGALI)
By : Dr. Ujjwal Patni

মা!
তোমায় প্রণাম!

আমি "আসুন আনুন জিতুন"-কে আমার প্রিয় মায়ের স্বর্গসম চরণে সমর্পিত করছি! কম বয়সে পিতার দেহাবসানের পরে মা-ই আমাকে এতটা যোগ্য করে তুলেছেন যে, আমি অন্যদের জীবনে ইতিবাচক পরিবর্তন নিয়ে আসতে পারি এবং নিজের জীবনের দায়িত্বভারও ওঠাতে পারি!

আমি অত্যন্ত দুর্ভাগ্যশালী... কারণ আমার নিজের মা-কে সেই সুখের মুহূর্ত প্রদান করার সুযোগই প্রাপ্ত হয়নি! আমি যখন নিজের পায়ে দাঁড়ালাম... সেই সময়ই আমার মা অসুস্থ হয়ে পড়লেন এবং শীঘ্রই ওনার নিধন হয়ে পড়ল!

যদি এই পুস্তক আপনাদের স্বপ্নকে প্রাপ্ত করতে একটুও সহায়তা করে আর আপনারা যদি সমৃদ্ধির পথে অগ্রসর হন... তাহলে সেই সমৃদ্ধির কিছুটা অংশ নিজেদের মাতা-পিতার চরণে সমর্পিত করে দেবেন! আজ আমরা যা কিছুই হয়ে উঠেছি... সেসব ওনাদের কারণেই সম্ভবপর হয়েছে!

সূচীপত্র

আসুন

আমার মনের কথা

এই পুস্তক পড়ার আগে এটা অবশ্যই পড়ুন!

এক ম্যানেজমেন্ট বিশেষজ্ঞের রূপে আমি প্রচুর বিজনেস প্রণালী অত্যন্ত কাছ থেকে দেখার সুযোগ পেয়েছি! সেই সময়ে নেটওয়ার্ক মার্কেটিং প্রণালীর ওপরে আধারিত বিভিন্ন কোম্পানী নিজেদের ব্যবসা শুরু করেছিল!

প্রশিক্ষকের রূপে এই সব নেটওয়ার্ক কোম্পানীগুলোয় যাওয়ার পরে আমি এই প্রণালীর আসল গুরুত্বের ব্যাপারে জানতে পারি! আমি নেটওয়ার্ক মার্কেটিং কোম্পানীগুলোর কার্য প্রণালী বোঝার জন্য বিশ্বের শীর্ষস্থানীয় কোম্পানীগুলোর বিভিন্ন পক্ষের অধ্যয়ণ করি... ব্যক্তিগত রূপে অনুসন্ধান কার্যও চালাই! বেশ কয়েক বছরের কড়া মেহনতের পরে আমি এটা জানতে পারি যে, এই প্রণালীতে একজন ব্যক্তি কেন সফল হন আর অন্যজন ব্যর্থ... কেন একটা কোম্পানী বন্ধ হয়ে পড়ে আর অন্য কোন কোম্পানী শীর্ষে পৌঁছে যায়!

এখন আমি এটা বিশ্বাসের সাথে বলতে পারি যে, এই প্রণালীতে সফলতা প্রাপ্ত করাটা এত সহজ নয় আর এটা টাকা-পয়সা উপার্জন করার কোন শর্টকাট পথও হয় না! এই প্রণালীও কঠিন পরিশ্রম এবং সম্পূর্ণ সমর্পণ দাবী করে! যেসব ব্যক্তি একে এক সহজ রাস্তা বা হাল্কা ব্যবসা মনে করে এতে প্রবেশ করেন... যাঁরা কঠিন পরিস্থিতির মোকাবিলা করতে চান না – তাঁরা একটা সময় নিজের থেকেই এই ব্যবসা ছেড়ে দেন অথবা ব্যর্থ হয়ে ওঠেন!

আমার ব্যক্তিগত পরামর্শ হচ্ছে এই যে, এই প্রণালী এক মহান বিজনেসের সুযোগ প্রদান করে এবং আগামী বছরগুলোয় এই প্রণালী গোটা বিশ্বের অর্থ ব্যবস্থার এক অত্যন্ত গুরুত্বপূর্ণ আধার হয়ে উঠবে!

আমার ওয়ার্কশপ আর সেমিনারগুলোয় ডিস্ট্রিব্যুটর আর এ্যাসোসিয়েটরা আমাকে প্রচুর প্রশ্ন করেন! কেমন লোকেদের এই ব্যবসার সাথে যুক্ত করা উচিত... তাঁদের নেতিবাচক ধারণা কি ভাবে দূর করা যেতে পারে... নিস্ক্রিয় সাথীদের কি ভাবে সক্রিয় করে তোলা যেতে পারে... লোকেদের সিদ্ধান্তের পথে নিয়ে এসে কি ভাবে চলা যেতে পারে... টীমকে ভেঙে যাওয়ার হাত থেকে কি ভাবে বাঁচানো যেতে পারে ইত্যাদি-ইত্যাদি!

কিছু লোক তো এমনটাও বলেন যে, কি পড়ব... বুঝে উঠতে পারছি না! অধিকাংশ পুস্তক বিদেশী লেখকদের দ্বারা লেখা হয়েছে আর সেগুলো ভারতীয় বিচারধারার অনুকূল নয়! তাঁরা আমার থেকে এমন কোন পুস্তক বা সিডি চান... যেগুলো তাঁরা নতুন লোকেদের দিতে পারবেন আর তার ফলে নেটওয়ার্ক মার্কেটিং-য়ের ব্যাপারে সেই ব্যক্তির ধারণা স্পষ্ট হয়ে উঠবে!

আমাদের টীম অক্লান্ত পরিশ্রম করে সেই সব প্রশ্নগুলোকে সাজিয়েছে! আমরা অত্যন্ত বেশী অধ্যয়ণ আর পরিশ্রমের পরে সেই সব প্রশ্নের ভারতীয় উত্তর প্রস্তুত করেছি! আমরা **'আসুন'** শীর্ষকের অন্তর্গত এই পুস্তকে এমন এক অমূল্য অংশকে শামিল করেছি... যেটা পড়ামাত্রই কোন নতুন ব্যক্তি (প্রসপেক্ট) এই ব্যবসার শক্তি চিনে নিতে পারবেন! যেসব নেটওয়ার্কারদের বক্তব্য রাখার ক্ষমতা (Communication Skill) ভালো নয়... তাঁরা এই প্রভাবশালী পুস্তকের মাধ্যমে নিজেদের লক্ষ্য প্রাপ্ত করতে পারেন!

এই প্রণালীর সাথে যুক্ত হওয়ার পরে দ্বিতীয় লক্ষ্য এটা হয় – অন্যদের 'যুক্ত করা'! অন্যদের এই প্রণালীর সাথে যুক্ত করার জন্য কেমন প্রস্তুতি হওয়া উচিত... কোন্ তথ্যগুলোকে মুখ্য করে তোলা উচিত আর কোন্গুলোকে গৌণ করা উচিত... 'না'-কে 'হ্যাঁ'-য়ে কি ভাবে বদলানো যেতে পারে – এমনই বেশ কিছু প্রশ্নের উত্তর আপনারা **'আনুন'** অংশে পাবেন! আপনাদের নেটওয়ার্কিং-য়ের পাঠশালা এখানেই শেষ হচ্ছে!

নিজে আসা আর অন্যদের নিয়ে আসার পরে দীর্ঘ সময় পর্যন্ত এই ব্যবসায় জেতার জন্য কোন্-কোন্ সিদ্ধান্তের পালন করবেন... নিজের টীমের দৃষ্টিভঙ্গী কি ভাবে ইতিবাচক করে রাখবেন... নিজের ভেতরে নেতৃত্ব ক্ষমতা কি ভাবে নিয়ে আসবেন... নিজের সাথীদের কি ভাবে সক্রিয় করে রাখবেন আর অন্য নেটওয়ার্ক কোম্পানীগুলোর চ্যালেঞ্জের মোকাবিলা কি

ভাবে করবেন – এমনই কিছু প্রতি দিন উঠতে থাকা প্রশ্নের সর্বশ্রেষ্ঠ সমাধান আপনাদের জন্য এই পুস্তকে **'জিতুন'** অংশে তুলে ধরা হয়েছে !

এই পুস্তকে নেটওয়ার্ক মার্কেটিং-য়ের সম্বন্ধে লোকেদের মনের ভেতরে ঢুকে থাকা ভ্রান্তি আর শঙ্কার ওপরেও বিস্তারিত ভাবে আলোচনা করা হয়েছে ! লোকেরা কোন ভুল নেটওয়ার্ক কোম্পানীর সাথে যুক্ত হয়ে নিজেদের ভবিষ্যৎ যাতে বর্বাদি না করে বসেন... সেজন্য নেটওয়ার্ক কোম্পানীর নির্বাচনের ওপরেও এক নিরপেক্ষ আর বিশেষ অধ্যায় এই পুস্তকে শামিল করা হয়েছে !

এই পুস্তক পড়ে আমার এমনটা মনে হয় যে, আমি একটাই পুস্তকে প্রয়োজনের থেকে বেশী তথ্য তো দিয়ে দিইনি ! যাক... এটা ঠিক যে, এই পুস্তক লিখতে পেরে আমি অত্যন্ত বেশী আত্মসন্তুষ্টি অনুভব করেছি !

আমার দৃঢ় বিশ্বাস যে, লক্ষ-লক্ষ নেটওয়ার্কার... যাঁরা নিজেদের স্বপ্নকে বাস্তবায়িত করে তোলার জন্য রাত-দিন মেহনত করে চলেছেন... এই পুস্তক তাঁদের অবশ্যই এক নতুন পথ আর এনার্জী প্রদান করবে ! সব থেকে বড় কথা হচ্ছ এটা যে, এই পুস্তকের ভাষা অত্যন্ত সাধারণ রাখা হয়েছে... যাতে প্রতিটি ব্যক্তি সহজেই বুঝতে পারেন ! এই পুস্তক হচ্ছে আপনাদের নিজেদের শব্দে, আপনাদের নিজস্ব পুস্তক !

এই পুস্তক লেখার কাজে আমি জ্ঞানতঃ বা অজ্ঞানতঃ যেসব ব্যক্তিদের সহায়তা গ্রহণ করেছি... তাঁদের প্রত্যেককে হৃদয়ের অন্তঃস্হল থেকে ধন্যবাদ জানাই !

আমার শুভ কামনা রইল যে, এই পুস্তকের সহায়তায় আপনারা ডায়মণ্ড অবশ্যই হয়ে উঠুন আর শীঘ্র হয়ে উঠুন !

ডাঃ উজ্জ্বল পাটনী
পাটনী সুপার স্পেশালিটি হস্পিট্যাল
গ্রীণ চক্, দুর্গ (ছত্তিশগড়)
ফোন ঃ 92291 - 65111, 98261 69269
ওয়েবসাইট ঃ www.ujjwalpatni.com

ডাঃ উজ্জ্বল পাটনী ঃ পরিচয়

ডাঃ উজ্জ্বল পাটনী হচ্ছেন এক প্রখ্যাত বক্তা এবং প্রেরক! উনি পেশায় এক দন্ত-চিকিৎসক এবং পাটনী সুপার স্পেশালিটি হস্পিট্যালের জনক! অনবরত শেখার নিষ্ঠায় উনি মানব সংসাধনে এম.বি.এ., রাজনীতি বিজ্ঞানে এম.এ. এবং মানব অধিকার আর উপভোক্তা সংরক্ষণের মত বিষয়গুলোতেও বিশিষ্ট যোগ্যতা প্রাপ্ত করেছেন !

ডাঃ পাটনী হচ্ছেন এক সার্টিফায়েড ব্যক্তিত্ব বিকাশ প্রশিক্ষক! এক দিকে যেমন উনি স্পীচ গুরু-র রূপে প্রভাবশালী বার্তালাপ আর ভাষণ দেওয়ার কলার ওপরে সারা দেশ জুড়ে প্রশিক্ষণ দেন... অন্য দিকে এক বক্তার রূপে শ্রোতাদের হাসানো, জাগ্রত করে তোলা এবং প্রেরিত করার কাজও উনি করে চলেন! উনি দেশের শীর্ষ নেটওয়ার্ক মার্কেটিং কোম্পানীগুলোর প্রশিক্ষণ পরামর্শদাতাও বটে! জবরদস্ত প্রভাবিত করে তোলা এক প্রেরকের রূপে ওনার প্রিয় বিষয় হচ্ছে – দৃষ্টিভঙ্গী, জেতার মূল মন্ত্র, লীডারশিপ আনলিমিটেড, প্রভাবশালী বার্তালাপের কলা, বাণীতে সফলতা, নিজে নিজের মার্কেটিং কি ভাবে করবেন এবং একে-অপরের জন্য! বহুমুখী শিক্ষা, মৌলিকতা আর অদ্ভূত প্রয়োগশীলতাই ওনাকে বিশিষ্ট করে তুলেছে !

সর্বদা অন্যদের থেকে আলাদা কিছু করার ইচ্ছা মনের মধ্যে পোষণ করা ডাঃ পাটনীর নেতৃত্ব, কল্পনা আর নির্দেশনায় গত ০৫-ই ফেব্রুয়ারী, 2005 ভারতের উদীয়মান গায়ক এবং বাদকেরা গিনীজ বিশ্ব রেকর্ডের জন্য দাবী জানান! ভিলাইতে আয়োজিত *সিঙ্গিং ম্যারাথন* নামক এই আন্তর্জাতিক অনুষ্ঠানে দুনিয়ার মধ্যে সব থেকে দীর্ঘ সময় পর্যন্ত লাগাতার ভওন গান করে কানাডার রেকর্ড ভেঙে দেওয়া হয়! ভারতে ভজনের মাধ্যমে ভজন গানের সম্ভবতঃ এটাই সর্বপ্রথম বিশ্ব রেকর্ড ছিল! এই ভাগীরথী অনুষ্ঠান ডাঃ পাটনীর উচ্চ চিন্তাধারা এবং নেতৃত্ব ক্ষমতার নবীনতম উদাহরণ !

বিভিন্ন রাষ্ট্রীয় এবং প্রাদেশিক সংবাদপত্র, রেডিয়ো, আন্তর্জাতিক ওয়েবসাইট এবং শীর্ষ টি.ভি. চ্যানেলে ওনার কৃতিত্ব লাগাতার রেকর্ড করা হয়ে থাকে! প্রেরক, লেখক এবং চিকিৎসকের বিভিন্ন ভূমিকা পালন করতে থাকা স্পীচ গুরু ডাঃ উজ্জ্বল পাটনী বলেন – *"প্রভাবশালী বার্তালাপের কলাই হচ্ছে সফলতার মূল মন্ত্র!"*

☐☐☐

পুস্তক জীবন বদলানোর ক্ষমতা রাখে !

পুস্তক সেই সময় ব্যক্তির জীবনকে বদলে দিতে পারে... যখন সেটাকে ওপর-ওপর থেকে পড়ার বদলে লেখকের বিচারকে গ্রহণ করা হবে... পাঠক যখন নিজের মস্তিষ্কের দরজা খুলবেন আর "আমি জ্ঞানী" – এই ধারণাকে বাইরে ছুঁড়ে ফেলে দিয়ে বিচার করে পুস্তক পড়ে চলবেন! এই পুস্তক পড়ার আগে আমি আপনাদের মস্তিষ্কের একটু ব্যায়াম করাতে চাই... যার ফলে আপনাদের মস্তিষ্ক ভাণ্ডারে আমার বিচারের জন্য কিছুটা জায়গা হয়ে পড়ে!

এই চিত্রটাকে দেখে এটা বলুন যে, এই চিত্রে কি রয়েছে ?

এই কাজটাকে গম্ভীরতার সাথে করুন! যতগুলো কল্পনা আপনাদের মাথায় আসে... সেগুলো সব লিখে ফেলুন। চিত্রটাকে আবার একবার দেখুন এবং এবার পুরোন সব কল্পনাকে ঝেড়ে ফেলে নতুন কল্পনা করুন! উল্টো,

সোজা, বেঁকা – সব দিক থেকে দেখুন! এই কাজে আপনাদের কিছুটা মেহনত অবশ্যই করতে হবে... কিন্তু আপনারা মজাও পাবেন! কম পক্ষে 10-টা উত্তর অবশ্যই চিন্তা করুন! আপনাদের উত্তর যদি আমার উত্তরের সাথে মিলে যায়... তাহলে আপনারা নিজেদের প্রশংসা নিশ্চয়ই করতে পারেন... কারণ আপনারা পূর্ণ সততার সাথে নতুন বিচারকে গ্রহণ করার মুদ্রায় এসে পড়েছেন!

আশা করি যে, আপনাদের মস্তিষ্কে প্রচুর অদ্ভূত-অদ্ভূত সব বিচার এসে পড়েছে! কিছু পাঠক তো চিত্রটাকে মনোযোগ সহকারে দেখার চেষ্টাই করেননি... কিন্তু কিছু পাঠক নিজের মাথার ওপরে অবশ্যই জোর দিয়েছেন! খুব কম লোকই সঠিক উত্তর খুঁজে পেয়েছেন! আমি তাঁদের প্রত্যেককে অভিনন্দন জানাচ্ছি... যাঁরা কিছু একটা ভাবার চেষ্টা করেছেন! এর সঠিক উত্তর হচ্ছে ইংরাজীর চারটি অক্ষর Liar আর এই চিত্রে সেই শব্দটা লুকিয়ে রয়েছে! চিত্রটাকে আবার একবার ভালো করে দেখুন... আপনারা সেই শব্দটা দেখতে পাবেন!

নিজেদের ওয়ার্কশপ আর সেমিনারগুলোয় আমরা এই প্রকার প্রচুর মানসিক ব্যায়াম দ্বারা অংশ গ্রহণকারীদের উদ্বেলিত করে তুলি আর তাঁদের মস্তিষ্ককে জাগ্রত করে তুলি! এই চিত্র দেখে লোকেরা যেসব উত্তর দিয়েছেন, এখানে সেগুলো আপনাদের সাথে ভাগ করে নেওয়া হচ্ছে!

জওহরলাল নেহরু, 567, সুন্দরী যুবতী, চিন্তায় ডুবে থাকা যুবতী, অস্থির হয়ে ওঠা ব্যক্তি, অন্ধ ব্যক্তি, কাক আর পাখী, অহংকারী ব্যক্তি, ক্রোধী ব্যক্তি, কাঁদতে থাকা ব্যক্তি, আয়নায় মুখ দেখতে থাকা ব্যক্তি, এক চোখের ব্যক্তি, ইন্দিরা গান্ধী, মহাত্মা গান্ধী, রানী মুখার্জী এবং আরও অনেক কিছু!

একটাই চিত্র... কিন্তু যত লোক, তত প্রকারের জবাব! এটা এই ব্যাপারটাকে প্রমাণ করে যে, প্রতিটি পরিস্থিতিকে প্রতিটি ব্যক্তি নিজের দৃষ্টিভঙ্গীতে দেখেন! কেউ সমস্যা দেখতে পান, তো কেউ সমাধান! কেউ ভালো দেখতে পান, তো কেউ খারাপ! বিশেষ ব্যাপার হচ্ছে এটা যে, জীবনকে আমরা যে রূপে দেখি... জীবন সেই রূপেই সামনে আসে!

আপনারা জীবনে খুশী চান, না দুঃখ – নির্বাচন আপনাদের হাতে!

এই চিত্রের অজ্ঞাত রচনাকারকে আমার আন্তরিক ধন্যবাদ!

নিজেদের বিচার
এখানে লিখুন

www.ujjwalpatni.com

নিজেদের বিচার এখানে লিখুন

www.ujjwalpatni.com

আসুন

এই অংশে পড়ুন নেটওয়ার্ক মার্কেটিং প্রণালীর
সাথে যুক্ত হওয়ার মূল কারণ ঃ

কোন নতুন ব্যক্তি "আসুন"-কে পড়ে
নেটওয়ার্ক মার্কেটিং-য়ের সম্বন্ধে
নিজের ভুল ধারণা মিটিয়ে ফেলবেন...
এই প্রণালীর প্রতি আকৃষ্ট হয়ে উঠবেন
এবং এক সোনালী ভবিষ্যতের
রচনা করবেন !

এক সত্যতা

এই বিজনেস প্রণালী ততটা সহজ নয়,
যতটা সহজ বলে প্রচার করা হয়!
কিছু অর্থশাস্ত্রী এমনটাও মনে করেন যে,
এই বিজনেসে ব্যর্থ হওয়া ব্যক্তিদের সংখ্যা
অত্যন্ত বেশী হয়!
কিন্তু একটা জিনিষ নিশ্চিত যে,
প্রতিযোগিতা, ছাঁটাই, নীতিতে পরিবর্তন,
বাজারের ওঠা-নামার মত
বাইরের ব্যাপারে নেটওয়ার্কাররা কখনো
প্রভাবিত হন না!
এত কম মূলধনে এত বড় সুযোগ
আর অন্য ব্যবসায় নেই!
এটাকে আপনারা ধীরে-ধীরে নিজেদের বর্তমান
কার্যক্ষেত্রের সাথে-সাথে বিকশিত করে তুলতে পারেন!
এই প্রণালীতে আমার সব থেকে ভালো এটা লাগে যে,
নিজেকে সফল করে তোলা ব্যক্তিও আপনারাই হন
আর ব্যর্থ করে তোলা ব্যক্তিও আপনারাই...
অন্য কেউ আপনাদের ভবিষ্যতকে সুখদায়ক
বা দুঃখদায়ক করে তুলতে পারেন না!

পুরোন কাজ... নতুন দাম !

নেটওয়ার্ক মার্কেটিং কোন নতুন কাজ নয়... যুগ-যুগ ধরে লোকেরা এই কাজ করে আসছে ! আমাদের যদি কোন ফিল্ম ভালো লাগে, তাহলে আমরা নিজেদের চেনা-পরিচিত ব্যক্তিদের কাছে সেই ফিল্মটার তারিফ করি... যদি কোন ডাক্তারের চিকিৎসা পদ্ধতি ভালো লাগে, তাহলে আমরা অন্যদেরও তাঁকে দিয়েই চিকিৎসা করানোর পরামর্শ দিয়ে থাকি... যদি কোন দর্জির কাজ ভালো লাগে, তাহলে অন্যদের কাছেও তার সুপারিশ করি ! প্রায় প্রতিটি উৎপাদন, প্রায় প্রতিটি পরিষেবা... যেগুলোর আমরা উপযোগ করি, সেগুলোর ব্যাপারে ভালো বা মন্দ আমরা অন্যদের বলি !

আমাদের পরামর্শ আর সুপারিশ দ্বারা সেগুলোর ব্যবসা বেড়ে ওঠে... কিন্তু সেই ব্যবসা বেড়ে ওঠার পরিবর্তে আমরা কিছুই প্রাপ্ত করি না ! কিন্তু এটা এক ধরণের নেটওয়ার্ক মার্কেটিং-ই হয়... যেটা আমরা শৈশব থেকে বার্ধক্য পর্যন্ত লাগাতার করে চলি !

নেটওয়ার্ক মার্কেটিং ব্যবসা বেড়ে ওঠার পরিবর্তে আমাদের কিছুটা অংশ দেওয়া শুরু করেছে ! এই প্রণালীতে যদি আপনাদের পরামর্শ বা সুপারিশে কোন উৎপাদন বিক্রী হয় বা আপনাদের দ্বারা প্রভাবিত হয়ে কোন ব্যক্তি যদি এই বিজনেসের সাথে যুক্ত হন... তাহলে আপনাদের নিশ্চিত আয় হয় ! যদি এই প্রচার আমরা কিছুটা সিরীয়াস হয়ে করি, এই জিনিষটাকে আমরা নিজেদের লক্ষ্য করে তুলি... তাহলে এই বিজনেস আমাদেরকে আমাদের মূল পেশার থেকেও বেশী আয় প্রদান করতে সক্ষম ! এর জন্য নতুন কিছু করার প্রয়োজন নেই। আপনাদের সেটাই করতে হবে, যেটা আপনারা আগেও করছিলেন... কিন্তু এবার সেটা এক নির্দিষ্ট বিধিতে কোন নেটওয়ার্ক কোম্পানীর সাথে যুক্ত হয়ে করতে হবে !

3

আপনাদের ব্যবসা কি সুরক্ষিত ?

বিগত 20-টা বছর পৃথিবীতে আর্থিক দৃষ্টিতে অত্যন্ত গুরুত্বপূর্ণ হয়ে ছিল! প্রযুক্তিগত বিপ্লব আর বিশ্বায়ন ব্যবসার পদ্ধতিতে আমূল পরিবর্তন এনে দিয়েছে! মোবাইল আর ইন্টারনেট দেশ আর মহাদেশের দূরত্ব মিটিয়ে ফেলে এক সমগ্র বিশ্ব বানিয়ে দিয়েছে!

এই অদ্ভূত পরিবর্তনের ফলে কিছু লাভ হলে কিছুটা লোকসানও হয়েছে! ভারতের মত বিশাল জনসংখ্যার দেশে প্রযুক্তিগত সমৃদ্ধির কারণে লোকেদের উপার্জন কমে আসতে লেগেছে... লক্ষ-লক্ষ লোকেদের চাকরী চলে গেছে! হবে না-ই বা কেন? একটি অত্যাধুনিক মেশিন বেশ কিছু লোকেদের কাজ করে সময় আর অর্থ – দুটোই বাঁচাতে লেগেছে!

কিন্তু এর কিছু যন্ত্রণাদায়ক উদাহরণও আমাদের সামনে প্রকাশ পেয়েছে! বিগত কয়েক দশকে অনেক টেক্সটাইল মিল বন্ধ হয়ে পড়েছে আর লক্ষ-লক্ষ শ্রমিক বেকার হয়ে পড়েছেন!

কোকা কোলা আর পেপসীর মত মাল্টি-ন্যাশনাল কোম্পানীগুলোর বাজারে আগমনের কারণে ভারতীয় কোম্পানীগুলোকে হয় তাদের সঙ্গে মিলে যেতে হয়েছে অথবা কোম্পানীগুলো বন্ধ হয়ে পড়েছে!

বিদেশী উন্নত বাহন নির্মাতা কোম্পানীগুলো আমাদের দেশে প্রবেশ করেছে এবং বেশ কিছু ভারতীয় চার চাকা আর দু চাকার বাহন প্রস্তুতকারী কোম্পানী বন্ধ হয়ে পড়ার দোরগোড়ায় পৌঁছে গেছে! এক সাধারণ টেলি সফটওয়্যার বেশ কিছু সংস্থার গদী থেকে মুনিমদের সময়ের অনেক আগেই রিটায়ার করিয়ে দিয়েছে। সস্তা মোবাইল ফোন আর সেগুলোর আকাশ ছোঁওয়া বিক্রী হাজার-হাজার পাব্লিক টেলিফোন বুথে তালা ঝুলিয়ে দিয়েছে!

প্রতি দিন কোন-না-কোন কার্যক্ষেত্রে এক নতুন প্রযুক্তি আসছে... এক নতুন আবিষ্কার হচ্ছে আর সেটার সাথে-সাথে পুরোন প্রযুক্তিকে বিদায় জানানো হচ্ছে! আর এর সাথে-সাথে সেই শিল্পের সাথে যুক্ত কোটি-কোটি লোকেদের ভাগ্যের বাজী ধরা হচ্ছে!

আমাদের মধ্যে কেউ-ই এটা বলতে পারি না যে, বিরাট মূলধন আর অত্যাধুনিক মেশিন লাগিয়ে আমরা যে বিজনেস করছি... সেটা কত দিন চলবে? আমরা নিজেদের সর্বশক্তি প্রয়োগ করে যে শিল্পের সাথে নিজেদের ভবিষ্যতকে যুক্ত করে তুলছি... সেই শিল্পের ভবিষ্যত কি?

সরকারী নীতিতে এক মামুলী পরিবর্তন কোটি-কোটি লোকেদের উপার্জন ছিনিয়ে নিতে পারে! সেই উপার্জন... যেটার ওপরে ভরসা করে নিজেদের মেয়েদের ভালো বিয়ে দেওয়ার স্বপ্ন দেখা হয়ে থাকে... যার ওপরে ভরসা করে সন্তানদের উচ্চ শিক্ষার প্ল্যান তৈরী করা হয়... যেটার দ্বারা নিজের বাড়ী আর এক আরামদায়ক জীবন কাটানোর কল্পনা করা হয়ে থাকে! একটু চিন্তা করে দেখুন, সেই উপার্জন আপনাদের নিজস্ব নয়... সেটা তো অন্য কারো কৃপায় হচ্ছে! আপনাদের সেই উপার্জন যদি কোন দিন হঠাৎ করে বন্ধ হয়ে পড়ে... তখন আপনারা কি করবেন, কোথায় যাবেন? সারা জীবনের সঞ্চয়, মূলধন, মেশিন, ঋণ – সে সব কিছুর কি হবে?

আপনারা যদি কোন সরকারী বা প্রাইভেট সংস্থায় কার্যরত হয়ে থাকেন... তাহলে অনিবার্য অবসর গ্রহণ বা স্বেচ্ছা অবসর গ্রহণের তলোয়ার সর্বদাই আপনাদের মাথার ওপরে ঝুলে থাকবে! সার্ভে জানাচ্ছে যে, আজও ভারতের অধিকাংশ পুরোন কারখানা আর শিল্পে প্রয়োজনের তুলনায় বেশী শ্রমিক / কর্মচারী রয়েছেন আর শিল্পকে যদি টিকে থাকতে হয়... তাহলে ছাঁটাই আর অবসর গ্রহণের মত পদক্ষেপ অনিবার্য রূপে নিতেই হবে!

এই সব কিছুকে বাদ দিয়ে আপনারা যদি নিজস্ব কোন ব্যবসা করেন... তাহলে সেই ব্যবসা কি আপনাদের এতটা উপার্জন প্রদান করবে, যেটার দ্বারা আপনারা আগামী কয়েক বছরে নিজেদের আবশ্যকতা পূরণ করে নিতে পারবেন... জরুরী পরিস্হিতি আর প্রয়োজনের জন্য আপনাদের কাছে পর্যাপ্ত ব্যাংক ব্যালান্স থাকবে? সুদের গণনা একেবারেই করতে যাবেন না... কারণ বিশ্বের অন্যান্য দেশগুলোর মত ভারতেও সুদের হার ক্রমশঃ কমে আসছে! আমি সেই দিনটার কথা চিন্তা করে আশংকিত হয়ে উঠেছি, যেদিন নিজেদের টাকা-পয়সা ব্যাংকে সুরক্ষিত রাখার জন্যও আমাদের শুল্ক দিতে হবে!

আপনাদের ব্যবসা যদি গলাকাটা প্রতিযোগিতা, ক্রমশঃ কমে আসতে থাকা মার্জিনের মধ্যেও সুরক্ষিত থাকে... যদি আপনাদের উপার্জন আগামী বছরগুলোয় লাগাতার বেড়ে চলে... যদি আপনাদের কাছে ব্যবসার কাজ করার পরেও পরিবারের লোকেদের সাথে খুশীর মুহূর্ত কাটানোর জন্য পর্যাপ্ত সময় থাকে – তাহলে আমার দৃষ্টিতে আপনারা অত্যন্ত ভাগ্যশালী!

আর যদি আপনারাও শংকিত হয়ে উঠেছেন... ভবিষ্যতের প্রতি চিন্তিত হয়ে উঠেছেন... আপনারাও যদি নিজের আর নিজের পরিবারের জন্য মনের মধ্যে কিছু স্বপ্ন সাজিয়ে থাকেন – তাহলে নেটওয়ার্ক মার্কেটিং-য়ের সাথে যুক্ত হওয়ার আকর্ষক সুযোগ আপনাদের সামনে উপস্থিত!

এতে আপনাদের সাধারণ ব্যবসার মত মূলধন লাগাতে হবে না... এতে মেশিন আর স্টাফেদের আবশ্যকতা পড়বে না – এই প্রণালীতে কেবল আপনাদের আস্হা, দৃঢ় নিশ্চয়তা, লাগাতার প্রচেষ্টা আর জীবনে উন্নতি করার নেশার আবশ্যকতা রয়েছে!

এটা কোন সরল বা শর্টকাট প্রণালী নয়,
এটা হচ্ছে ধন উপার্জন করার কঠিন রাস্তা...
কিন্তু এর বিশেষত্ব হচ্ছে এটা যে,
এর দরজা সকলের জন্য খোলা!

যুগের এই বিপ্লব কি ভাবে আপনাদের স্বপ্নকে সাকার করে তোলার শ্রেষ্ঠ মাধ্যম হতে পারে... সেটা জানার জন্য পড়ে চলুন!

4

যেমন পরিশ্রম... তেমন পরিণাম !

আমাদের পূর্বপুরুষেরা প্রায়ই এমনটা বলতেন – "যত বেশী পরিশ্রম করবে... তত বেশী ফল পাবে!" তাঁদের সময়ে হয়তো এই উক্তি সম্পূর্ণ রূপে সত্য প্রমাণিত হত... কিন্তু বর্তমান সময়ে এই উক্তি প্রযোজ্য হয় বলে মনে হয় না !

কিছু কার্যক্ষেত্র আর ব্যবসায় অক্লান্ত পরিশ্রম করার পরেও লোকেদের তেমন পরিণাম প্রাপ্ত হয় না... তাঁরা নিজেদের জীবিকা ভালোমতন চালাতে পারেন না... নিজের আর নিজের পরিবারের সকল আবশ্যকতা পূরণ করতে পারেন না ! অন্য দিকে কিছু লোক কম বা গড়পড়তা পরিশ্রম করেও ভালোমতন উপার্জন প্রাপ্ত করেন ! চাকুরীক্ষেত্রেও প্রায় এমনটা দেখতে পাওয়া যায় যে, কর্মচারীরা জবরদস্ত পরিশ্রম করে নিষ্ঠা সহকারে কাজ করেন আর পুরো কৃতিত্ব বস্ প্রাপ্ত করে নেন... প্রোমোশন আর বোনাসও বস্ প্রাপ্ত করেন ! যদি কোন দায়িত্ব কোন টীমকে দেওয়া হয়... তাহলে সেই টীমের কিছু সদস্য সম্পূর্ণ সমর্পণের সাথে কাজ করেন আর অন্য কিছু সদস্য কাজের থেকে দূরে পালান... কিন্তু দুঃখের কথা হচ্ছ এটা যে, কৃতিত্ব টীমের সকল সদস্যদের মধ্যে সমান ভাবে ভাগ করে দেওয়া হয় ! এমন অবস্হায় যেসব সদস্য মন-প্রাণ লাগিয়ে কাজ করেছিলেন... তাঁদের ব্যাপারটা অত্যন্ত খারাপ লাগে ! আজও আমাদের দেশে 70% সরকারী আর আধা-সরকারী সংস্হানে কাজ বা গুণবত্তার ভিত্তিতে পদোন্নতি হয় না... সমর্পণের ভিত্তিতে পুরস্কার প্রদান করা হয় না ! এমন পরিস্হিতিতে পরিশ্রমী কর্মচারীরাও ধীরে-ধীরে অলস হয়ে ওঠেন... কাজের প্রতি তাঁদের উৎসাহ ঠাণ্ডা হয়ে আসে !

এই সব কিছুর মাঝে নেটওয়ার্ক মার্কেটিং প্রণালী এক ঝলক ঠাণ্ডা হাওয়ার মতই তরোতাজা ভাব নিয়ে আসে... কারণ এই প্রণালী আপনাদের পরিশ্রম, নিষ্ঠা আর সমর্পণের পূর্ণ মূল্য প্রদান করে ! এখানে আপনাদের পরিশ্রমের কৃতিত্ব আপনাদের বস্ নয়... আপনাদেরই প্রাপ্ত হয় ! আপনাদের

প্রতিটি মুহূর্তের পরিশ্রম আপনাদের খাতায় রেকর্ড করা হয়ে থাকে... কারণ আপনারাই নিজেদের বস্ হন!

এটা হচ্ছে এমন এক ব্যবসা, যেটা আপনাদের পরিশ্রমকেও টাকায় পরিবর্তিত করে তোলে আর আপনাদের কথাকেও টাকায় পরিবর্তিত করে তোলে! কবে, কোথায়, কোন্ রূপে কোন ব্যক্তি আপনাদের সাথে যুক্ত হয়ে পড়বে আর ব্যবসাকে এক নতুন গতি প্রদান করবে, সেটা কেউ বলতে পারে না!

শর্ত শুধু একটাই – আপনাদের কাজ করে চলতে হবে! আপনারা যদি সৈদ্ধান্তিক রূপে কাজ করে চলেন... তাহলে সেটার পরিণাম না পাওয়ার কোন কারণই নেই! এমনটা হতে পারে না যে, আপনারা পরিশ্রম করলেন... অথচ সেটার কোন পরিণামই আপনারা পেলেন না! এই ব্যবসা আপনাদের কাজের মূল্যাংকন প্রতি দিন করে চলে। আপনারা এক নতুন ব্যক্তিকে যুক্ত করুন... আপনাদের লাভ আপনাদের খাতায় রেকর্ড হয়ে পড়বে! আপনারা এক উৎপাদন বিক্রী করুন... আপনার অংশ নিশ্চিত হয়ে পড়বে!

এক বৈজ্ঞানিক, যিনি বর্তমানে এক প্রসিদ্ধ নেটওয়ার্কার... উনি আমাকে ওনার কাহিনী শুনিয়েছিলেন। উনি নিজের জীবনের 14-টা বছর এক সরকারী ল্যাবে রিসার্চ করে কাটিয়ে দিয়েছিলেন। এই 14 বছরে উনি বেশ কিছু গুরুত্বপূর্ণ অনুসন্ধান করেন আর আন্তজার্তিক স্তরের বেশ কিছু সফল প্রয়োগও করেন! কিন্তু দুঃখের কথা হচ্ছে এটা যে, একটাও অনুসন্ধানের কৃতিত্ব ওনাকে দেওয়া হয়নি! সব কৃতিত্ব ওনার বসের ভাগে চলে গিয়েছিল! ওনার ভেতরে আক্রোশের সৃষ্টি হয়ে পড়েছিল। সেই সময় কেউ ওনাকে নেটওয়ার্ক মার্কেটিং-য়ের সুযোগের ব্যাপারে জানায়। উনি এই ব্যবসায়িক প্রণালীর সাথে যুক্ত হওয়ার নির্ণয় এজন্য নেন... কারণ এই ব্যবসায় উনি যতটা পরিশ্রম করবেন, সেটার পরিণাম ওনারই প্রাপ্ত হবে! অন্য কেউ ওনার কৃতিত্ব ছিনিয়ে নিয়ে যেতে পারবে না!

বন্ধুগণ! আপনারাও যদি নিজেদের কঠোর পরিশ্রমের মূল্যাংকন করতে চান আর তেমনটা শীঘ্রতার সাথে চান... তাহলে নেটওয়ার্ক প্রণালী আপনাদের পক্ষে এক ভালো সুযোগ!

◆——◆

5

ন্যুনতম নিবেশ... অসীমিত লাভ !

এই "নিবেশ" শব্দটা আমি কেবলমাত্র আর্থিক নিবেশের জন্য উপযোগ করছি না... বরং সেই সব মূল্যবান বছর আর হাড়ভাঙা পরিশ্রমের জন্যও করছি... যেগুলো আমরা যে কোন ব্যবসায়ের জন্য করে থাকি !

আজ এক ছোট্ট ব্যবসা শুরু করার জন্য কয়েক লক্ষ টাকা নিবেশ করার প্রয়োজন পড়ে। ব্যবসা শুরু করার জন্য এক অফিস বা গোডাউন, বেশ কয়েক প্রকারের আইনী রেজিস্ট্রেশন, ফোন, ফ্যাক্স, স্টাফ, বিদ্যুৎ, প্রচার-প্রসার ইত্যাদি আরও না জানি কত প্রকারের খরচ করতে হয় ! সবার কাছে এত খরচ করার ক্ষমতা থাকে না... অনেকের কাছে তো এমন চল-অচল সম্পত্তিও থাকে না... যেগুলো বন্ধক রেখে তাঁরা এতটা খরচ করতে পারবেন। এমন অবস্হায় হয় আপনাদের ব্যবসা শুরু করার স্বপ্ন স্বপ্নই থেকে যায় অথবা ব্যবসা শুরু করে আপনারা আর্থিক চাপে গ্রস্ত হয়ে পড়েন !

আপনারা যদি সক্ষম হন আর যদি কোন ভালো ব্যবসা শুরু করেও দেন... তাহলেও এটা কখনো নিশ্চিত হয় না যে, সেই ব্যবসা থেকে আপনাদের লাগাতার উপার্জন হতে থাকবে ! ব্যবসাতে আপনাদের লোকসানও হতে পারে... যেসব ব্যক্তিদের সাথে আপনারা ব্যবসা করছেন, তাঁরা আপনাদের সাথে বিশ্বাসঘাতকতাও করতে পারেন... আপনাদেরকে বাজারের ওঠা-নামারও মোকাবিলা করতে হতে পারে... এমনটাও হতে পারে যে, আপনারা এক ঝটকায় নিজের সমস্ত মূলধন হারিয়ে ফেলেন !

আপনাদের অর্থও গেল, আপনাদের সাহসও গেল আর আপনাদের জীবনের বেশ কয়েকটা অমূল্য বছরও নষ্ট হয়ে পড়ল ! বাকী সব কিছু তো আপনারা আবার একবার প্রাপ্ত করে নিতে পারবেন, কিন্তু কেটে যাওয়া সময় আর কখনো ফিরে আসবে না... আপনাদের সব কিছু নতুন করে শুরু করতে হবে !

এই সব কিছুর ফাঁকে আমি বিশ্বের বেশ কিছু শীর্ষ আর মাঝারী নেটওয়ার্ক বিজনেস কোম্পানীর অধ্যয়ণ করেছি আর আমি আপনাদের এটা অত্যন্ত বিশ্বাসের সাথে বলতে পারি যে, এত কম মূলধনে আপনারা এমন আর কোন বিজনেস শুরু করতে পারবেন না... যে বিজনেসে এতটা অপার উপার্জনের সম্ভাবনা রয়েছে ! 200 টাকা থেকে শুরু করে 40,000 টাকা পর্যন্ত মূলধনে আপনারা বিশ্বের সাধারণ থেকে শ্রেষ্ঠতম কোম্পানীর সাথে যুক্ত হওয়ার সুযোগ পেতে পারেন ! এই মূলধনের অধিকাংশ ভাগ কোম্পানী আপনাদের উৎপাদন আর প্রশিক্ষণ সামগ্রীর রূপে ফেরত দিয়ে দেয় !

আমি নেটওয়ার্ক প্রণালীর বেশ কিছু ধুরন্ধর লীডারদের সাথেও কথা বলেছি... যাঁরা বর্তমান সময় মাসে 2, 5, 10, 20, 25 আর 40 লক্ষ টাকা পর্যন্ত উপার্জন করেন ! এমনটা শুনতে কিছুটা অদ্ভূত লাগতে পারে... কিন্তু এটা সত্য যে, এই সব লীডাররাও শুরুতে এই ব্যবসায় 15 হাজার টাকারও কম নিবেশ করেছিলেন !

সাধারণ বিজনেস প্রণালীতে আমরা হয়তো খুঁজলে এমন কোন বিজনেস দেখতে পাব না... যাতে মাত্র 10 - 15 হাজার টাকা মূলধন লাগে আর যে ব্যবসায় অসীমিত লাভের সম্ভাবনা রয়েছে... উপার্জনের কোন সীমাই নেই ! এটা ব্যবসা নয়... এটা হচ্ছে আর্থিক স্বাধীনতার এক মাধ্যম !

কিন্তু হ্যাঁ... এই বিজনেস শুরু করতে যত কম মূলধনই লাগুক না কেন... এতে অন্য প্রকারের মূলধন প্রচুর লাগে, যেমন – অসীমিত সমর্পণ, লাগাতার প্রচেষ্টা, সম্পূর্ণ নিষ্ঠা, লাগাতার শিখে চলা, লেগে থাকা ইত্যাদি-ইত্যাদি !

সারাংশ হচ্ছে এই যে, এই প্রণালী আপনাদের থেকে আপনাদের ব্যক্তিত্বের আভ্যন্তরীণ মূলধন দাবী করে, আপনাদের গুণ দাবী করে, আপনাদের সেই সব গুণ দাবী করে... যেগুলো ঈশ্বর আপনাদের মধ্যে ভরে দিয়েছেন !

আপনারা যদি নিজেদের সব কিছু সমর্পণ করে দিতে প্রস্তুত থাকেন, তাহলে আর্থিক মূলধনের ব্যাপারে নিশ্চিন্ত হয়ে পড়ুন... কারণ এর থেকে কম মূলধনে আপনাদের স্বপ্নগুলো অন্য আর কোন ব্যবসা সাকার করে তুলতে পারবে না !

6

সময়ের স্বাধীনতা!

আমি যখন এমনটা বলি যে, নেটওয়ার্ক প্রণালী কেবলমাত্র এক ব্যবসা নয়... এটা জীবন কাটানোর এক নতুন পদ্ধতি – তখন সেটার অর্থ লোকেরা সহজে বুঝে উঠতে পারেন না! আসুন... এটার অর্থ বোঝা যাক!

আমরা, ভারতবাসীরা সম্পর্ক আর সংস্কৃতির সূত্রে বাঁধা রয়েছি! আমরা নিজেদের পরিবারের সদস্যদের সুখ আর দুঃখের মুহূর্তগুলোয় তাঁদের পাশে থাকতে চাই! বছরের একটা অংশ আজও আমরা পারিবারিক অনুষ্ঠান আর উৎসবে কাটাই... কিন্তু আজকের যুগের ক্রমশঃ পরিবর্তিত হতে থাকা জীবন-শৈলী আমাদের সংস্কৃতির ওপরেও নেতিবাচক প্রভাব বিস্তার করছে! এই সংস্কৃতি, মেলামেশা, সম্পর্ক – যেগুলো আমাদের দেশের পরিচিতি, সেগুলো আজ ক্রমশঃ ম্লান হয়ে আসছে! এর একটাই কারণ – আজ আমাদের কাছে এতটা সময় নেই! যান্ত্রিক জীবন আর কড়া প্রতিযোগিতা আমাদের জীবন কাটানোর পদ্ধতিটাকেই বদলে দিয়েছে! এখন মাতা-পিতার কাছে তাঁদের বেড়ে উঠতে থাকা বাচ্চাদের জন্য সময় থাকে না আর যুবাদের কাছে নিজেদের বৃদ্ধ মাতা-পিতাদের সেবা করার মত সময় থাকে না! আমরা মনের দিক থেকে আজও ততটা স্বার্থপর হয়ে উঠিনি... কিন্তু কিই-বা করা যাবে!? আমরা এমন ব্যবসা করছি আর আমাদের পেশা এমন হয়ে উঠেছে যে, পারিবারিক দায়িত্ব সব এক পাশে সরে গেছে!

এছাড়াও আরও কিছু প্রশ্ন মনের মধ্যে উঁকি মারে – আমরা কি এমনই যান্ত্রিক জীবন কাটাতে-কাটাতে এক দিন এই দুনিয়া ছেড়ে চলে যাব?

এমন কোন্ চমৎকার হবে যে, হঠাৎই এক দিন খুশীর মুহূর্ত কাটানোর জন্য আমাদের কাছে অতিরিক্ত সময় এসে পড়বে?

আমাদের কাছে যদি সময়ই না থাকে... তাহলে আমরা কি ভাবে নিজেদের বাচ্চাদের সঠিক সংস্কার প্রদান করতে পারব... কি ভাবে তাদের

কোমল মস্তিষ্কে ইতিবাচক চিন্তাধারা আর জয়ের প্রেরণা সৃষ্টি করব ?

বেশ কিছু সমৃদ্ধ এবং অতি শিক্ষিত ব্যক্তি আর্থিক স্বাধীনতার তুলনায় সময়ের স্বাধীনতাকে বেশী গুরুত্বপূর্ণ হিসেবে মনে করেন... কারণ সব কিছু থাকা সত্ত্বেও তাঁরা আজ জীবনের আনন্দ উপভোগ করতে পারছেন না ! তাঁরা আজ মানসিক চাপে গ্রস্ত হয়ে পড়েছেন, তাঁদের পরিবার ভেঙে পড়ছে আর তাঁরা নিজেরা ব্যস্ততার কারণে সৃষ্টি হওয়া বিভিন্ন প্রকারের শারীরিক ব্যাধির সাথে লড়াই করছেন !

নেটওয়ার্ক মার্কেটিং প্রণালীকে জীবন যাপন করার
নতুন স্টাইল আমি এজন্য বলি... কারণ
এটা আপনাদের মেশিন থেকে আবার একবার
মানুষ করে তোলে !
এটা আপনাদের সংসারের সব থেকে বড় স্বাধীনতা
‘‘নিজের সময় নিজের ইচ্ছানুসার কাটানো’’-র
স্বাধীনতা প্রদান করে !

এতে আপনারা সকালের চা পান করা থেকে শুরু করে রাতের ডিনার খাওয়া পর্যন্ত যে কোন সময়, যে কোন স্হানে, নতুন লোকেদের এই ব্যবসার সাথে যুক্ত করতে পারেন ! আপনারাই এটা বেছে নেবেন যে, আপনারা কখন কাজ করবেন আর কতটা কাজ করবেন !

হতে পারে যে, আপনারা পুরো মাসের লক্ষ্য এক সপ্তাহের মধ্যেই প্রাপ্ত করে নিলেন। আপনারা এক সপ্তাহে নতুন লোকেদের নিজের সাথে যুক্ত করে নিন, নিজের লক্ষ্য অনুসারে উৎপাদন বিক্রী করুন ! এসব কিছু করার পরে আপনারা মাসের বাকী তিন সপ্তাহ নিজেদের মর্জিমতন কাটাতে পারেন ! আপনারাই নিজেদের জীবন কাটানোর স্টাইল বেছে নিতে পারবেন। আপনারা পুরো বছরের বিজনেস টার্গেট জবরদস্ত নিষ্ঠার সাথে দু মাসের মধ্যে প্রাপ্ত করে নিন আর বাকী 10 মাস, সময়ের কাটাকে নিজের ইচ্ছামতন ঘোরান !

এমন স্বাধীনতার প্রতি আমার প্রচণ্ড হিংসা হয়... কারণ পেশায় আমি এক ডেন্টিস্ট ! প্রতি দিন সকাল 9-টার সময় আমি নিজের ক্লিনিকে পৌঁছই, দুপুর প্রায় 3.30-টার সময় লাঞ্চ করার জন্য বাড়ীতে আসি, 5.30-টার সময় আবার একবার ক্লিনিকে যাই আর তারপর রাত 10-টা পর্যন্ত কাজ করে চলি। একটা দিন ছুটী নেওয়ার জন্যও আমাকে প্রায় 15 দিন আগে থেকে প্ল্যান-প্রোগ্রাম তৈরী করতে হয়। উৎসবে, পারিবারিক অনুষ্ঠানে

সর্বদাই আমার ওপরে সময়ের চাপ থাকে। এই দেশে আমার মতই আরও বেশ কয়েক কোটি লোক এমন আছেন... যাঁরা এই সময়-চক্রে ফেঁসে গিয়ে ছট্‌ফট্‌ করছেন!

কিন্তু নেটওয়ার্কাররা সময়-চক্রকে নিজেদের অনুসারে সেট করেন! তাঁরা কাজ করার দিনও নিজেরা বেছে নেন আর কাজ করার ঘন্টাও তাঁরাই ঠিক করেন! মুখ্য কথা হচ্ছে এটা যে, এক সাধারণ দোকানদার, ডাক্তার, উকিল, শিক্ষক ইত্যাদিরা দিনের মধ্যে যত ঘন্টা কাজ করেন... ততটাই উপার্জন করেন! কিন্তু একজন নেটওয়ার্কার আলাদা হন! তিনি কয়েক ঘন্টা কাজ করেন... সেই কয়েক ঘন্টায় তাঁরা অন্য লোকেদের নিজেদের সাথে যুক্ত করেন – তারপর অন্য লোকেরা তাঁদের হয়ে কাজ করতে থাকেন! অন্যদের মেহনতের উপার্জনের কিছুটা অংশ তাঁদের সাথেও যুক্ত হয়ে পড়তে থাকে!

"উন্নতির এটাই হচ্ছে মন্ত্র! যদি সাধারণ হয়ে থাকতে হয়, তাহলে 100 ঘন্টা কড়া মেহনত করুন আর 100 ঘন্টার উপার্জন প্রাপ্ত করুন অথবা 100-জন লোককে নিজের সাথে যুক্ত করুন। তাঁরা আপনাদের হয়ে 1 - 1 ঘন্টা কাজ করে আপনাদের 100 ঘন্টার উপার্জন প্রদান করবেন!"

আপনারাও যদি সময়ের চাপে পড়ে যান্ত্রিক জীবন কাটাচ্ছেন, আপনাদেরও যদি নিজেদের ইচ্ছা আর শখ পূরণের জন্য সময়ের প্রয়োজন হয়, আপনারাও যদি সুখ-দুঃখের প্রতিটি মুহূর্তে নিজেদের পরিবারের সাথে থাকতে চান... তাহলে নেটওয়ার্ক মার্কেটিং-য়ের দুনিয়া আপনাদের জন্য এক ভালো বিকল্প প্রমাণিত হতে পারে!

◆——————◆

৭

সীমার থেকে মুক্তি!

সাধারণ ব্যবসায়িক প্রণালীতে কাজ করার একটা সীমারেখা থাকে আর আপনাদের সেই সীমার মধ্যে থেকেই কাজ করে চলতে হয়! আপনাদের কাছে যদি হীরো হোণ্ডার নাগপুর শহরের ডিস্ট্রিব্যুটরশিপ থাকে... তাহলে আপনারা নিয়মানুসার অমরাবতী শহরে গিয়ে প্রচার-প্রসার করতে পারেন না !

আপনারা যদি হিন্দুস্তান লিভারের দিল্লী শহরের ডীলার হন... তাহলে আপনারা নিয়মানুসার চণ্ডীগড় শহরে গিয়ে মাল বিক্রী করতে পারবেন না ! যে জেলা বা যে শহরে আপনাদের ব্যবসা রেজিস্টার্ড করানো হয়েছে আর যে নিয়মের অন্তর্গত আপনারা ব্যবসা করছেন... আপনারা সেই সব নিয়মকে মানতে বাধ্য! কোম্পানীও আপনাদের কাজ করার জন্য এক নির্দিষ্ট ক্ষেত্র প্রদান করে !

নেটওয়ার্কিং প্রণালী আপনাদের এই সীমার থেকে মুক্তি প্রদান করে! আপনাদের কাছে পুরো ভারতবর্ষ রয়েছে... পুরো ভারতের ১০০ কোটিরও বেশী জনসংখ্যা আপনাদের সাথে যুক্ত হতে পারে ! আপনারা যেখানে খুশী, যখন খুশী, যাকে খুশী তাকে নিজেদের সাথে যুক্ত করতে পারেন ! আপনারা এখানে কোন প্রকারের নিয়মে বাঁধা নন !

আপনি যদি আগ্রায় থাকেন আর আপনার কোন বন্ধু যদি হায়দ্রাবাদে থাকেন... তাহলেও আপনি নিজের সাথে নিজের সেই বন্ধুকে যুক্ত করতে পারেন ! আপনি যদি বাঙ্গালোরে থাকেন আর আপনার কোন আত্মীয় যদি রাঁচিতে থাকেন... তাহলেও আপনি নিজের সাথে নিজের সেই আত্মীয়কে যুক্ত করতে পারেন ! আপনাদের কখনো সাথীর অভাব হবে না ! আপনাদের ভেতরে যতটা ক্ষমতা রয়েছে, আপনাদের মধ্যে যতটা যোগ্যতা রয়েছে, আপনাদের যত যোগাযোগ রয়েছে... সব কিছুকেই আপনারা নিজেদের উপার্জনে পরিবর্তিত করতে পারেন ! সেই সব কিছুর উপার্জনকে এক সাথে

মিলিয়ে আপনারা নিজেদের ব্যবসার রাষ্ট্রব্যাপী বিস্তার করতে পারেন!

আপনারা এমন রাজ্যেও পৌঁছতে পারেন... যেখানে
আপনাদের কোন সাথী এখনো পৌঁছননি আর
নিজের নেতৃত্ব ক্ষমতা প্রমাণ করে আপনারা সেই
রাজ্যে নিজের সংস্হার মাথার মুকুট
হয়ে উঠতে পারেন!

এটাই হচ্ছে এই বিজনেসের এতটা দ্রুত ছড়িয়ে পড়ার সব থেকে বড় কারণ! যে ভাবে আকাশের কোন সীমারেখা থাকে না আর পাখী আকাশে যে কোন জায়গায় উড়ে বেড়াতে পারে... ঠিক সেই প্রকার এই বিজনেস প্রণালী পুরো রাষ্ট্রকে আপনাদের আকাশে পরিবর্তিত করে তোলে! আপনারা যেখানে খুশী, যতদূর খুশী উড়ে চলুন আর যেখানে ভালো লাগে, সেখানেই নিজেদের বাসা বেঁধে নিন!

এতটা স্বাধীনতার পরে কি কখনো আমাদের ব্যবসার, সুযোগের, সাথীদের আর গ্রাহকদের অভাব হতে পারে?

৪

মহারাজাদের সম্মান !

এই বিজনেসের শীর্ষে পৌঁছনো লীডারদের কাছে আপনারা যখন নেটওয়ার্ক মার্কেটিং-য়ের সাথে যুক্ত হওয়ার কেবলমাত্র একটা কারণ জানতে চাইবেন... তখন অধিকাংশ লীডারদের এটাই উত্তর হবে – "অভূতপূর্ব সম্মান প্রাপ্তির কখনো না ভুলতে পারা মুহূর্ত !"

আমি একবার কোলকাতায় এক সেমিনার করে ফিরছিলাম। এয়ারপোর্টে আসার পরে আমি দেখলাম যে, প্রায় 3 হাজার লোক এয়ারপোর্টের পার্কিং লট থেকে মেইন্ গেট পর্যন্ত দু পাশে লাইন করে দাঁড়িয়ে রয়েছেন। সকলেই অধীরতার সাথে কারো আসার জন্য অপেক্ষা করছিলেন !

আমার মনে প্রথম যে চিন্তাটা এসেছিল... সেটা হল এই যে, নিশ্চয়ই কোন রাজনৈতিক নেতা আসছেন। কিন্তু সেই ভীড়ে কোন নেতা ছিলেন না। অধিকাংশ লোকই গলায় টাই ঝুলিয়ে প্রোফেশন্যালদের মত দাঁড়িয়ে ছিলেন। আমার ফ্লাইটের তখনও এক ঘন্টা দেরী ছিল। আমি কৌতূহল বশতঃ দেখতে লাগলাম। ফ্লাইট এল আর জোরে-জোরে শ্লোগান উঠতে লাগল। এক অত্যন্ত সাধারণ দর্শন প্রায় 32 বছরের যুবক লাউঞ্জে এসে পৌঁছলেন। তাঁর ওপরে গোলাপের পাপড়ির বৃষ্টি হতে লাগল। একের-পর-এক অসংখ্য লোক সেই যুবককে ফুলের মালা পরাতে লাগলেন। ফুলের মালার স্তুপে সেই যুবকের মুখটা পর্যন্ত ঢেকে গেল ! ব্যান্ড পার্টির আওয়াজের মধ্যে লাউঞ্জ থেকে পার্কিং লট পর্যন্ত পৌঁছতে সেই যুবকের 45 মিনিট সময় লাগল। এমন রাজসিক স্বাগত তো আমি এখনও পর্যন্ত বই-তে পড়েছিলাম... আজ চোখের সামনে দেখে আমি অত্যন্ত অভিভূত হয়ে উঠলাম। সেই যুবক চলে যাওয়ার পরে আমি সেই ভীড়ের মধ্যে থেকে এক ব্যক্তিকে প্রশ্ন করি – "দাদা ! উনি কে ছিলেন ?" সেই ভদ্রলোক উত্তর দিয়েছিলেন – "উনি আমাদের কোম্পানীর ডায়মণ্ড লেবেল পর্যন্ত পৌঁছেছেন আর আমরা সকলে ওনার ডাউন লাইন !"

এই অবস্থাই একবার চেন্নাই রেলওয়ে স্টেশনেও দেখতে পাওয়া গিয়েছিল! এক মহিলাকে স্বাগত জানানোর জন্য প্রায় 1,000 যুবক-যুবতী প্ল্যাটফর্মে হাজির ছিলেন। তাঁদের সকলের উৎসাহ দেখে অন্যান্য যাত্রীরাও সকলে থমকে দাঁড়িয়েছিলেন। ট্রেন থেকে নামতেই সেই মহিলার সম্মানে এক ব্যাণ্ড পার্টি মিউজিক বাজাতে লেগেছিল আর কপালে তিলক লাগিয়ে প্ল্যাটফর্মেই সেই মহিলার আরতি করা হয়েছিল! অসংখ্য ফুলের গুচ্ছ আর ফুলের মালা স্বীকার করে সেই মহিলা প্ল্যাটফর্ম থেকে বিদায় নিলেন! উনিও এক নেটওয়ার্ক মার্কেটিং কোম্পানীর এমারেল্ড লেবেলে ছিলেন!

এটা আন্তরিক ভাবে সম্মান প্রদর্শনকারীদের ভীড় ছিল! এমন ভীড়, যেটা কোন রাজনৈতিক নেতা লক্ষ-লক্ষ টাকা খরচ করেও জোটাতে পারেন না। এই কখনো না ভুলতে পারা সম্মান আর অসংখ্য জনতার ভীড় জমা হওয়ার কারণটা অত্যন্ত স্পষ্ট! এটা এমন এক ব্যবসা, যেটার সাথে নিজে যুক্ত হওয়া আর অন্যদের যুক্ত করা ব্যক্তি – দুজনেই জয়লাভ করেন! এতে আপনাদের যুক্ত করা ব্যক্তি আপনাদের সাথে বিজনেস বাড়িয়ে তুলতে মেহনত করেন... আপনাদের জন্য মীটিং-য়ের আয়োজন করেন... প্ল্যান পেশ করেন! আর যখন আপনাদের সম্মিলিত প্রচেষ্টায় আপনাদের কোন নতুন সাথী প্রাপ্ত হয়... তখন আপনাদের স্পন্সর আর আপনারা – দুজনে মিলে সেই নতুন সাথীর বিজনেস বাড়িয়ে তোলার প্রচেষ্টা করেন!

এটা হচ্ছে এক WIN-WIN বিজনেস! আপনারা নিজেদের সাথে যে ব্যক্তিকে যুক্ত করেন... তিনি এই অদ্ভুত বিজনেস প্রদান করার জন্য আপনাদের প্রতি কৃতজ্ঞ থাকেন আর আপনাদের সাথে তাঁর সারা জীবনের মত সম্পর্ক স্থাপিত হয়ে পড়ে! তারপর যে সম্মান আর সমর্পণের ভাবনার সৃষ্টি হয়... সেটা হৃদয়ের অন্তঃস্থল থেকে সৃষ্টি হয়!

প্রায়ই নেটওয়ার্ক কোম্পানীগুলো নিজেদের সম্মান সেমিনারে আমাকে প্রমুখ বক্তার রূপে আমন্ত্রণ জানান। সেখানকার পরিবেশে এক অদ্ভুত উত্তেজনা থাকে! অন্যদের কৃতিত্বকে সম্মান জানানোর জন্য হাজার-হাজার লোক উঠে দাঁড়িয়ে তাঁকে স্বাগত জানান... নিজেদের আপলাইন / স্পন্সর আর লীডারদের কাঁধে তুলে মঞ্চের ওপরে নিয়ে যান। বড়-বড় কোম্পানীর সি.ই.ও.-রাও এমন সম্মানের কল্পনাও করতে পারেন না!

সেই উল্লাসে পরিপূর্ণ, আশায় পরিপূর্ণ, সম্মানের মুহূর্তগুলো দ্বারা প্রেরিত হয়ে উঠে অনেক সাধারণ লোকেরাও নিজেদেরকে সংকল্পিত করে তুলে নতুন করে প্রচেষ্টা শুরু করেন আর নতুন উচ্চতা হাসিল করে নেন! সাধারণ লোকেদের এমন বিশেষ সফলতা হাসিল করতে দেখে ব্যর্থতার আর হীন ভাবনার সকল প্রাচীর ভেঙে পড়ে!

আপনারাও যদি দেশের শীর্ষস্হানীয় রাজনৈতিক নেতা আর শিল্পপতিদের থেকেও বেশী সম্মানের মুহূর্তগুলো অনুভব করতে চান... আপনারা যদি এমনটা চান যে, অসংখ্য লোক আপনাদের মুখ চিনবে, আপনাদের সম্মানে নিজেদের সীট ছেড়ে উঠে দাঁড়াবে... তাহলে কিছুটা পরিশ্রম করে নেটওয়ার্ক মার্কেটিং কোম্পানীর সাথে যুক্ত হোন্ আর তাতে উপলব্ধি হাসিল করুন!

কিন্তু এই সম্মান এতটা সহজে প্রাপ্ত হয় না... যথেষ্ট মেহনত করার পরে যখন আপনাদের প্রচুর সংখ্যায় সহযোগী হয়ে উঠবে... তখন আপনারা এই উচ্চতা প্রাপ্ত করবেন! সেই উচ্চতাই এই সম্মানকে আমন্ত্রিত করে ডেকে নিয়ে আসে! এটা আপনাদের ওপরেই নির্ভর করবে যে, আপনারা এক সাধারণ জীবন কাটাতে চান, না কি আপনারা কঠোর আর পরিকল্পনা মাফিক পরিশ্রম করে এক রাজসিক সম্মানের অদ্ভূত অনুভূতি প্রাপ্ত করতে চান ?

আপনারাই হচ্ছেন নিজেদের সি.ই.ও. !

এক স্বাধীন বিজনেসের প্রমুখ, সর্বেসর্বা আর মালিক হয়ে ওঠার আনন্দই অন্য রকমের হয়! না সময়ে অফিস পৌঁছনোর টেনশন... না ফাইলের স্তুপ... না রোজ-রোজের মীটিং... না অতিরিক্ত কাজের চাপ – এমন ভাগ্য আমাদের মধ্যে কে চাইবে না?

নিজের কোম্পানীর প্রমুখ বা C.E.O. হয়ে উঠতে, আপনাদের হয়তো 20 - 30 বছর সময় লাগতে পারে... তবুও আপনারা সেটা হয়ে উঠতে পারবেন কি না, তার কোন গ্যারান্টি নেই!

কিন্তু আজ নেটওয়ার্ক প্রণালী আপনাদের সামনে এমন এক প্রস্তাব নিয়ে এসেছে যে, আপনারা ইচ্ছা করলে আগামী এক ঘন্টায় নিজেদের জীবনের C.E.O. হয়ে উঠতে পারেন। আপনাদের কেবল নেটওয়ার্ক প্রণালীর ওপরে আধারিত কোন কোম্পানীকে বেছে নিতে হবে, সেটার সাথে যুক্ত হতে হবে আর তারপর নিজের ভাগ্যনির্মাতা... নীতি-নির্ধারক – সব কিছু আপনারাই হবেন! আপনাদের কাজ করার পদ্ধতি, কার সাথে কাজ করতে হবে আর কার সাথে নয়, ভবিষ্যতের পরিকল্পনা আর লক্ষ্য – সব কিছুই আপনারা নিজেরাই নির্ধারিত করতে পারবেন!

আর এখানে নিজের C.E.O. হওয়ার জন্য বয়সটা কোন বাধা হয় না... তা আপনাদের বয়স 20 হোক্‌ বা 60 – এই প্রণালী আপনাদের সকলকেই স্বাগত জানায়!

আপনারা কি C.E.O. হতে চান?

10

সম্পর্কের খনি !

একজন সাধারণ নেটওয়ার্কারকে আমি এই বিজনেসের সাথে যুক্ত হওয়ার কারণ প্রশ্ন করেছিলাম। ওনার উত্তর আমাকে প্রচণ্ড চমকে দিয়েছিল। উনি বলেছিলেন – "স্যার! আমি এক অত্যন্ত সাধারণ চাকরী করি আর আমার মাসের বেতন হচ্ছে 6 হাজার টাকা! কিন্তু আমার সর্বদাই এমন ইচ্ছা ছিল – সমাজের উচ্চস্তরীয় লোকেদের সাথে, ডাক্তারদের সাথে, উকিলদের সাথে, ইঞ্জিনিয়ারদের সাথে আমার বন্ধুত্ব হোক... তাঁদের সাথে আমার পরিচয় থাকুক আর আমি যেন তাঁদের সাথে ওঠা-বসা করতে পারি!"

"খুব কম মূলধন লাগিয়ে আমি এই বিজনেসের সাথে যুক্ত হয়ে পড়েছি আর আমি এখন সমাজের এই সব বিশিষ্ট লোকেদের সমকক্ষ হয়ে উঠেছি! এখন আমি ওনাদের সাথে কোলাকুলি করি, তাঁদের সাথে হাত মেলাই আর মীটিং-য়েও তাঁদের সাথে একই চেয়ারে বসি! এমন কি আমরা যখন সিনেমা হল বা হোটেলে পরস্পরের সাথে মিলিত হই.. তখন আমরা আনন্দের সাথে একে-অপরের সাথে হাত মেলাই আর একটু-আধটু আলাপ-আলোচনাও করি!"

"আমার সহকর্মীরা আমার সম্পর্কের এই নতুন খনিকে কেন্দ্র করে অত্যন্ত চিন্তিত হয়ে উঠেছে! ধীরে-ধীরে অফিসে, বাড়ীতে আর সমাজে আমার স্তর ক্রমশঃ বেড়ে উঠতে লেগেছে! আমি নিজেও এমনটা অনুভব করি যে, ভালো লোকেদের সঙ্গতি আমার চিন্তাধারা আর ব্যক্তিত্বে এক ইতিবাচক পরিবর্তন আসছে!"

সেই নেটওয়ার্কার আরও বলেছিলেন – "কেবলমাত্র গত 6 মাসে আমি যতজন বিশিষ্ট লোকেদের সাথে সম্পর্ক গড়ে তুলেছি... ততটা হয়তো আমি সারা জীবনে গড়ে তুলতে পারতাম না!"

আমার অন্তর্মন সেই নেটওয়াকারের বক্তব্যে একমত হয়ে উঠল! উনি বলেছিলেন – "আমি যদি শহরে 1000-জন ভালো লোকেদের সাথে ভালো বন্ধুত্ব আর সম্পর্ক গড়ে তোলার চেষ্টা করি... তাহলে সেই কাজে আমার কম পক্ষে 2 বছর সময় তো লাগবেই... কিন্তু এই প্রণালী দ্বারা সেই কাজটা মাত্র কয়েক দিনের মধ্যেই হতে পারে!"

এই সব সম্পর্ক আবশ্যকতা পড়লে একে-অপরের সহায়তা করে... একে-অপরের সুখ-দুঃখের সাথী হয়ে ওঠে আর জীবনের সমস্যারও সমাধান করে!

তাহলে কি আমরা সম্পর্কের এই খনির অংশ হয়ে উঠতে চাইব না ?

নেটওয়ার্ক সতর্কবাণী

এই বিজনেসের কম মূলধনের কারণে
এর প্রতি আকর্ষিত হবেন না...
কারণ এর আসল মূলধন হচ্ছে
'না' শোনার সাহস, সম্পূর্ণ সমর্পণ,
লাগাতার প্রচেষ্টা এবং
স্বপ্নকে সাকার করে তোলার নেশা !

$$\boxed{11}$$

কাজ করলেও উপার্জন, না করলেও উপার্জন !

আমার এক ডেন্টিস্ট বন্ধুর মনে সর্বদাই ভয় থাকত! উনি ডান হাত দিয়ে কাজ করা ব্যক্তি ছিলেন। উনি সর্বদাই এমনটা বলতেন – "আমরা যতক্ষন নিজেদের ক্লিনিকে বসি, ততক্ষনই উপার্জন করি! যদি কোন দিন কোন কারণে আমরা ক্লিনিকে বসার মত যোগ্য না থাকি... তখন আমাদের পরিবারের ভরণ-পোষণের দায়িত্ব আমরা কি ভাবে পালন করব ?"

আমি একবার বিরক্ত হয়ে উঠে ওনাকে বলেছিলাম – "তুমি সর্বদাই নেতিবাচক কথা বলতে থাকো। এমন কি কারণ হতে পারে ?" উনি গম্ভীরতার সাথে আমাকে প্রশ্ন করেছিলেন – "তুমি কি তোমার ডান হাতের বৃদ্ধাঙ্গুষ্ঠ ছাড়া দন্ত চিকিৎসা করতে পারো ?" আমি স্বাভাবিক স্বরে উত্তর দিয়েছিলাম – "ডান হাতের বৃদ্ধাঙ্গুষ্ঠের সহায়তা ছাড়া আমি সরঞ্জামের উপযোগ করব কি ভাবে ? এজন্য এমন অবস্হায় দন্ত চিকিৎসা করাটা নিঃসন্দেহে আমার পক্ষে মুশ্কিল হয়ে উঠবে!"

উনি বলেছিলেন – "বন্ধু! আমি ঠিক এটাই বলতে চাইছিলাম যে, আমাদের সমস্ত শিক্ষা... সমস্ত ভবিষ্যত আমাদের ডান হাতের বৃদ্ধাঙ্গুষ্ঠের ওপরেই টিকে রয়েছে! যদি কোন ছোট দুর্ঘটনায় আমার এই বৃদ্ধাঙ্গুষ্ঠে আঘাত লেগে যায়... তাহলে ধরে নাও গোটা জীবনের ওপরে আঘাত লেগে গেছে !"

যদিও আমার সেই বন্ধুর চিন্তাধারা নেতিবাচক ছিল... কিন্তু পরে আমি গম্ভীরতা সাথে চিন্তা করে দেখলাম – ডেন্টিস্টের বৃদ্ধাঙ্গুষ্ঠ, গায়কের কন্ঠস্বর, বোলারের কাঁধ, বাদকের আঙুল – এগুলো সব অমূল্য হয়! এগুলো যতক্ষন পর্যন্ত ঠিকঠাক ভাবে কাজ করে চলবে... ততদিন পর্যন্ত উপার্জন প্রদান করবে। অন্য দিকে নেটওয়ার্কাররা আজ পরিশ্রম করবেন... লোকেদের নিজেদের সাথে যুক্ত করবেন... তাঁদের পেছনে পরিশ্রম আর বিশ্বাস লাগাবেন আর সারাটা জীবন তাঁদের ফলের প্রাপ্তি হতে থাকবে!

কারণ এখানে বৃদ্ধাঙ্গুষ্ঠ, কাঁধ, আঙুল...
এসব জীবনকে ধ্বংস করতে পারে না !
আপনারা যতক্ষন পর্যন্ত মানসিক রূপে মজবুত
হয়ে থাকবেন... ততক্ষন পর্যন্ত
এই ব্যবসা চলতে থাকবে !

আপনাদের উপার্জন রয়্যালিটির রূপে আপনাদের কাছ পর্যন্ত পৌঁছে যাবে ! এজন্য এই অদ্ভূত বিজনেস আপনাদের এটা বলে ঃ-

কাজ করলেও উপার্জন... না করলেও উপার্জন !

◆——◆

ডিগ্রী-সার্টিফিকেট না থাকলেও চলবে !

আপনারা যদি ছোটবেলায় পড়াশোনায় ভালো ছিলেন না... আপনারা যদি নিষ্ঠা সহকারে পড়াশোনা না করে থাকেন, তাহলে সেটার দুঃখ অবশ্যই হবে ! প্রায়ই দায়িত্ব, আর্থিক সমস্যা আর পরিস্থিতির কারণে লোকেরা উচ্চ শিক্ষা গ্রহণ করতে পারেন না ! অল্প বা গড়পড়তা শিক্ষা থাকার কারণে তাঁরা সম্মানজনক চাকরীর সুযোগও প্রাপ্ত করেন না। যেসব ব্যক্তিদের পৈত্রিক ব্যবসা রয়েছে... এমন কয়েক শতাংশ লোক ব্যবসার সাথে যুক্ত হয়ে পড়েন... কিন্তু এই সৌভাগ্য সকলের প্রাপ্ত হয় না ! আর্থিক কারণে অনেক লোক নিজেদের ব্যবসাও শুরু করতে পারেন না !

এই সব কিছুর জন্য সোনালী প্রভাত হচ্ছে নেটওয়ার্ক মার্কেটিং প্রণালী ! এর সাথে যুক্ত হওয়ার জন্য আপনাদের উচ্চ শিক্ষিত হওয়াটা কোন শর্ত হয় না ! এর সাথে যুক্ত হওয়ার জন্য কেবলমাত্র একটাই শর্ত থাকে – "নিজেদের স্বপ্নকে সাকার করে তোলার লালসা আর নেশা !" এখানে প্রোমোশনের জন্যও ডিগ্রীর আবশ্যকতা হয় না ! আপনাদের কাজ আর আপনাদের উপলব্ধির ভিত্তিতেই আপনারা নেটওয়ার্ক ব্যবসাতে এক-একটা করে সিঁড়ি ওপরের দিকে উঠে চলেন !

এটাই হচ্ছে একমাত্র প্রণালী... যেখানে এক ডাক্তার, উকিল, সি.এ., সরকারী অফিসার আর একজন সাধারণ ফল বিক্রেতা – সবাই এক সমান সম্মান পান ! তাঁরা যদি সকলে এক সাথে মিলে 'সিলভার' হয়ে ওঠেন বা 'টোপাজ' হয়ে ওঠেন... তাহলে তাঁদের সকলের জন্যই এক সমান গগনচুম্বী করতালি বাজে ! এই ব্যবসার কোন পর্যায়েই শিক্ষার ভিত্তিতে লোকেদের মধ্যে ভেদভাব করা হয় না !

আর আমার দৃষ্টিতে অফিশিয়াল শিক্ষা সফলতার গ্যারান্টি হতে পারে না ! বিশ্বের বেশ কিছু বড় সাম্রাজ্য অল্পশিক্ষিত লোকেরাই তৈরী করেছেন ! হেনরী ফোর্ড, সৌইশিরো হোণ্ডা থেকে শুরু করে আমাদের দেশের ধীরুভাই

অম্বানী পর্যন্ত সকলেই উচ্চ শিক্ষা থেকে বঞ্চিত ছিলেন! ওনারা নিজেদের বুদ্ধি, নিষ্ঠা, সুযোগ চিনে নেওয়ার ক্ষমতা আর কড়া মেহনত দ্বারা কোটি-কোটি টাকার কোম্পানী দাঁড় করিয়েছেন! এমন কথা বলে আমি শিক্ষার গুরুত্বকে মোটেই কম করতে চাইছি না... কারণ আজকের যুগে বেঁচে থাকার জন্য শিক্ষাটা অনিবার্য হয়! আমি সেই সব লোকেদের নতুন এনার্জী প্রদান করতে চাই... যাঁরা যে কোন কারণেই হোক্ না কেন, উচ্চ শিক্ষা প্রাপ্ত করে উঠতে পারেননি!

অন্য আরও একটা গুরুত্বপূর্ণ পক্ষ এটা হয় যে, এক সমান ডিগ্রী আর যোগ্যতা থাকার পরেও সফলতার কোন গ্যারান্টী হয় না! দুজন ডাক্তারকে দেখুন – একজনের চেম্বারে রোগীদের লাইন লেগে থাকে আর অন্য ডাক্তার চেম্বারে বসে মাছি মারেন! একই বিষয় পড়াতে থাকা দুজন শিক্ষকের মধ্যে একজনের কথা ছাত্র-ছাত্রীরা সহজেই বুঝতে পারে আর অন্য শিক্ষকের কথা একেবারেই বুঝতে পারে না! একজন এম.বি.এ. ডিগ্রী প্রাপ্ত করার পরেই চাকরী পেয়ে যান আর অন্য আরেকজন এম.বি.এ. বিভিন্ন অফিসের চক্কর কেটে বেড়াতে থাকেন! এসবের সোজা অর্থ হচ্ছ এটা যে, ডিগ্রী ছাড়াও সফলতা প্রাপ্ত করার জন্য ব্যক্তিত্বের আরও কিছু অতিরিক্ত গুণের প্রয়োজন হয়... যেগুলোর ভিত্তিতে আপনারা সফল বা ব্যর্থ হন! এজন্য উচ্চ শিক্ষা না থাকলেও হতাশ হবেন না! আপনারা যেখানে রয়েছেন, যেমনটা রয়েছেন – সেখান থেকেই জীবনে সফল হয়ে উঠতে পারেন!

এটা হচ্ছে ব্যক্তিত্বের সেই গুণ... যেটা ঈশ্বর আপনাদের মধ্যে ভরে দিয়েছেন। আপনাদের শুধু সেগুলোকে চিনে নিতে হবে, বিকশিত করে তুলতে হবে! আপনাদের কাছে যদি কোন বিশেষ ডিগ্রী না-ও থাকে... তাহলেও নিরাশ হবেন না। আপনারা যদি সাধারণ জীবন কাটাতে না চান... তাহলে নেটওয়ার্ক মার্কেটিং প্রণালী আপনাদের সামনে এক সুবর্ণ সুযোগের রূপে উপস্থিত রয়েছে!

13

বয়সের কোন বন্ধন নেই!

আমি যখন সংবাদপত্রে চাকরীর বিজ্ঞাপন দেখি, তখন সেগুলোয় একটা শর্ত দেখে আমার অত্যন্ত নিরাশা হয়! সেই শর্তটা হচ্ছে – বয়সের সীমা! অধিকাংশ চাকরীতে নিযুক্তির ন্যূনতম এবং অধিকতম বয়স নির্দিষ্ট করা থাকে! এই প্রকার সরকারী অফিসগুলোতেও অবসর গ্রহণের বয়স নির্দিষ্ট থাকে! আপনারা শরীর আর মনের দিক থেকে যতই যুবা থাকুন না কেন... একটা নির্দিষ্ট বয়সে পা দেওয়ামাত্র চাকরী থেকে অবসর গ্রহণ আপনাদের বার্ধক্যের অনুভূতি প্রদান করে!

প্রতিযোগিতামূলক পরীক্ষাগুলোতেও বয়সের বন্ধন থাকে! এমন পরীক্ষায় সকল বয়সের ব্যক্তিরা অংশ নিতে পারেন না। এই সব কিছুর অর্থ হচ্ছে এটাই যে, আপনারা কম বয়সের অতি বুদ্ধিমান ব্যক্তি হোন্ বা বেশী বয়সের অতি সুস্থ ব্যক্তি – এসব কিছু কোন গুরুত্বই রাখে না! কিন্তু যখন আমি অন্য দিকে মহানায়ক, শিল্পপতি আর শিল্পীদের জীবনী পড়ি... তখন সেগুলো অন্য কিছু বাস্তবিকতার বয়ান করে!

রোনাল্ড রীগন 70 বছর বয়সে আমেরিকার রাষ্ট্রপতির
শপথ নিয়েছিলেন... ওয়াল্ট ডিজনী 54 বছর বয়সে
ডিজনীল্যাণ্ড তৈরী করেছিলেন... কার্ল মার্ক্স
54 বছর বয়সে দাস ক্যাপিটাল লিখেছিলেন...
রে ক্রক ম্যাকডোনাল্ড ফ্রাঞ্চাইজির স্হাপনা
54 বছর বয়সে করেছিলেন এবং
মেরী কে. এ্যাশ নিজের মাল্টি লেবেল মার্কেটিং
কোম্পানী 52 বছর বয়সে শুরু করেছিলেন!

যদি এই সব ব্যক্তিদের গগনচুম্বী উপলব্ধির রাস্তায় বয়স কোন বাধা

না হয়ে উঠতে পারে... তাহলে রিটায়ারমেন্টের মত ঘাতক শব্দের জন্ম কোথা থেকে হল!

বন্ধুরা! নেটওয়ার্ক মার্কেটিং বা মান্টি লেবেল মার্কেটিং-কে এই যুগের বিপ্লব এজন্যও বলা হয়ে থাকে... কারণ এর দরজা বাচ্চা-বুড়ো আর জওয়ান – সবার জন্যই খোলা রয়েছে!

আপনাদের মধ্যেও যদি কিছু করে দেখানোর ইচ্ছা থাকে... তাহলে এই প্রণালী আপনাদের বয়স জিজ্ঞাসা করবে না! আপনাদের বয়স যতই হোক্ না কেন... আপনাদের কখনোই অবসর গ্রহণ বা ভি.আর.এস.-য়ের জন্য বলা হবে না!

এই বিজনেস কেবলমাত্র আপনাদের ভেতরের "*সাধারণ থেকে অসাধারণ হয়ে ওঠার*" আন্তরিক ইচ্ছার দাবী করে! সেটা যদি আপনাদের ভেতরে থাকে... তাহলে আপনাদের বয়স যাই হোক্ না কেন, নেটওয়ার্ক মার্কেটিং-য়ের বিশাল দুনিয়া আপনাদের জন্যই অপেক্ষা করে রয়েছে!

◆——◆

14

সংরক্ষণ নিষিদ্ধ!

আজ এই অধ্যায় লিখতে বসে আমার কপালে চিন্তার রেখা স্পষ্ট হয়ে উঠেছে! মনের মধ্যে উত্তেজনা রয়েছে আর আমার মস্তিষ্কে বিচারের তীব্র নিবার্ধি প্রবাহ বয়ে চলেছে!

সারা দেশ সংরক্ষণের আগুনে জ্বলছে... সরকার পেছিয়ে পড়া জাতির লোকেদের ম্যানেজমেন্ট কলেজ থেকে শুরু করে প্রাইভেট সেক্টরের অফিসগুলোয় সংরক্ষণ প্রদান করার ওকালতী করছে! দেশের অধিকাংশ ডাক্তাররা হড়তাল করছেন, মরণাপন্ন রোগী ছটফট্ করছেন, বিনা চিকিৎসায় লোকেদের প্রাণ চলে যাচ্ছে... কিন্তু কারো কানেই কোন কথা ঢুকছে না!

আমি জাতিগত ভিত্তিতে সংরক্ষণকে সঠিক বলে মনে করি না! সংরক্ষণ তাঁদের প্রাপ্ত হওয়া উচিত... যাঁরা শিক্ষার খরচ বহন করতে পারেন না, যাঁরা দরিদ্র আর অসহায় – তা তাঁরা যে কোন জাতিরই হোন্ না কেন! আমাদের যদি পেছিয়ে পড়া জাতির লোকেদের সামনে নিয়ে আসতে হয়... তাহলে প্রাথমিক স্তরে তাঁদের বিনা খরচে উচ্চ গুণবত্তার শিক্ষা প্রদান করতে হবে... পৌষ্টিক ভোজনের ব্যবস্থা করতে হবে আর পড়াশোনা করার সঠিক পরিবেশ প্রদান করতে হবে!

উচ্চ স্তরে সংরক্ষণের লোকসান বেশী হয়, লাভ কম! চাকরীতে সংরক্ষণ তো আমার মত লাখো-কোটি লোকেদের বুদ্ধির অগম্য! প্রথমে বিনা খরচে শিক্ষা প্রদান করা হল... কলেজে সংরক্ষিত আসনে এ্যাডমিশন দেওয়া গেল... একই শিক্ষক আর পাঠ্য পুস্তক দ্বারা অধ্যাপনা করা হল... প্রদর্শনের ভিত্তিতে পাশ করানো হল – তারপর আবার চাকরীতে সংরক্ষণ! হে ঈশ্বর! এই সব শীর্ষ পদে আসীন লোকেদের তুমি সদ্বুদ্ধি প্রদান করো!

নেটওয়ার্ক মার্কেটিং প্রণালীতে,
মাল্টি লেবেল মার্কেটিং-য়ে সংরক্ষণের সুবিধা
দূর-দূরান্ত পর্যন্ত নেই !
এখানে প্রতিটি ভারতবাসীকে স্বাগত জানানো হয়,
এখানে সকলের সমৃদ্ধি আর সফলতার সমান
অধিকার রয়েছে, সকলের নিজের মেহনতের সঠিক
পরিণাম পাওয়ার অধিকার রয়েছে !
এখানে জাত-পাত, ধনী-দরিদ্র, সম্পন্ন-পেছিয়ে পড়া
ইত্যাদির মত কোন সংরক্ষণ নেই !

এক ধর্ম-নিরপেক্ষ, সহিষ্ণু, শত্রুতা আর ঈর্ষামুক্ত বিশাল ভারতকে দেখতে হলে যে কোন ভালো নেটওয়ার্ক মার্কেটিং কোম্পানীর সেমিনারে চলে যান !

◆——◆

নেটওয়াকার্সদের জন্ম কুণ্ডলী কখনো খারাপ হয় না !

কিছুদিন আগে এক বড় নেটওয়ার্ক মার্কেটিং কোম্পানীর দুজন সৈদ্ধান্তিক আর বুদ্ধিমান 'ডায়মণ্ড' স্তরের লীডারের সাথে নাগপুরে আমার মীটিং চলছিল ! ওনারা নিজেদের সংস্হানে বিভিন্ন বিষয়ের ওপরে সেমিনার করার জন্য আমার সাথে আলোচনা করছিলেন !

আলোচনা জ্যোতিষ আর জন্ম কুণ্ডলীর দিকে পরিবর্তিত হয়ে পড়ল ! ওনাদের মধ্যে একজন লীডার বললেন – "নেটওয়াকার্সদের জন্ম কুণ্ডলী কখনো খারাপ হয় না !" আমি অবাক হয়ে প্রশ্ন করলাম – "কেন ?"

উনি বললেন – "আমাদের জন্ম কুণ্ডলীতে সময় খারাপ চললেও ডাউন লাইনে কারো-না-কারো সময় তো ভালো চলবেই ! পুরো নেটওয়ার্কে কিছু ডাউন লাইনের জন্ম কুণ্ডলীতে সময় ভালো চললে লীডারের জন্ম কুণ্ডলী কখনো খারাপ হতেই পারে না !"

সেটা আমার পক্ষে এক সাধারণ... কিন্তু অত্যন্ত গুরুত্বপূর্ণ আবিস্কার ছিল ! জন্ম কুণ্ডলী আর জ্যোতিষ অনুসারে কাজ করা ব্যক্তিদের সংখ্যা ভারতে প্রচুর ! এমন লোকেদের জন্য নেটওয়ার্কিং এক উত্তম রাস্তা... কারণ এতে আপনাদের ভালোর জন্য অন্য আরও অনেক লোকেদের ভাগ্যও কাজ করবে !

ভারতীয় সংস্কৃতির প্রাচীন পরম্পরা, যেমন – অমাবস্যা, পিতৃপক্ষ, সূর্য গ্রহণ, শনিবার নিষেধ ইত্যাদি নিয়ম মেনে চলা ব্যক্তিদের জন্য এমন দিনগুলোতেও তাঁদের ব্যবসা চলতে থাকবে... কারণ কেউ-না-কেউ তাঁদের জন্য সেই দিনগুলোতেও কাজ করে তাঁদেরকে উপার্জন প্রদান করবেন !

এই তথ্য জানার সাথে-সাথে ভগবান শিবের মত আমারও তৃতীয় নেত্র খুলে গেল ! আমি সর্বদা নেটওয়ার্ক মার্কেটিং প্রণালীকে কর্মপ্রধান লোকেদের কার্যভূমি বলেই মনে করতাম... কিন্তু সেদিনের পর থেকে আমি এটাকে ভাগ্যপ্রধান লোকেদের প্রিয়ভূমি হিসেবেও মনে করতে লাগলাম !

এখন আমি লোকেদের এমন পরামর্শ দিয়ে থাকি
যে, যদি কোন জ্যোতিষী আপনাদের এমনটা বলে
যে, আপনাদের সময় খারাপ যাচ্ছে... তাহলে যজ্ঞ
আর পাথরের পেছনে পয়সা খরচ না করে তৎক্ষনাত
কোন নেটওয়ার্ক মার্কেটিং কোম্পানীর সাথে
যুক্ত হয়ে পড়ুন আর কিছু ভালো
মহাদশার লোকেদের নিজের সাথে যুক্ত করে
নিন ! সেই সব লোকেদের ইতিবাচক মহাদশা
আপনাদের নেতিবাচক মহাদশার ওপরে প্রভাব
বিস্তার করে নেবে !

সকলের সমান সুযোগ!

মহাসাগর নিজের বুকে ট্রেন নেওয়া হাজার-হাজার নদীকে নিজের সাথে মিলিয়ে নেয়! তা সেই নদীর জল মিষ্টি হোক্, নোন্তা হোক্, নোংরা হোক্, পরিস্কার হোক্ – সমুদ্র কোন ভেদভাব করে না!

যে ভাবে রোদ আকাশ থেকে সব ব্যক্তির ওপরে সমান ভাবে পড়ে – তা সেই ব্যক্তি ধনী হোন, দরিদ্র হোন, শহরের হোন্ বা গ্রামের... ঠিক সেই প্রকার নেটওয়ার্ক মার্কেটিং প্রণালীও সকল প্রকারের লোকেদের নিজের ভেতরে সমাহিত হয়ে পড়ার সমান সুযোগ প্রদান করে! ধনী-দরিদ্র, শিক্ষিত-অশিক্ষিত, ফর্সা-কালো, লম্বা-বেঁটে – এই প্রণালীতে সকলেই স্বাগত! এখানে কোন প্রকারের কোন ভেদভাব নেই!

সাধারণ বিজনেসে রিসেপশনে সুন্দরী যুবতী, মার্কেটিং-য়ে বাক্পটু যুবাদের আবশ্যকতা হয়! উদাহরণ হিসেবে, আপনারা যদি কথা বলার সময় তোতলাতে থাকেন... তাহলে আপনাদের কখনোই পাব্লিক রিলেশন ডিপার্টমেন্টে চাকরী হবে না... কিন্তু নেটওয়ার্ক মার্কেটিং-য়ে এমন কোন বন্ধন নেই! আপনারা এখানে যে কোন উৎপাদন বিক্রী করতে পারেন... যে কোন ভূমিকা পালন করতে পারেন!

এখানে আপনাদের কোন যোগ্যতা বা অযোগ্যতার কারণে আপনাদের উন্নতির সুযোগ থেকে বঞ্চিত করা হয় না! আপনারা যে কোন সময়, যে কোন জায়গায় নিজেদের উন্নতির গাথা লিখতে পারেন! সমস্ত নির্ণয় আপনাদের নিজেদের কাছেই থাকে!

আপনারা কি এমন আর কোন ব্যবসার ব্যাপারে জানেন... যেখানে আপনারা যুক্ত হওয়ার, উন্নতি করার, সমৃদ্ধির সুযোগ কোন প্রকারের

কোন ভেদভাব বা নিয়ম ছাড়াই প্রাপ্ত করতে পারবেন ? !

কিন্তু হ্যাঁ... এই ব্যবসা সবাইকে দিয়ে মেহনতও
তততটাই করায়... এখানে কারো সহজে উন্নতি প্রাপ্ত
হয় না ! এখানে কারো 'জ্যাক' বা 'সুপারিশ'
খাটে না, সবাইকে এখানে
কাজ করতে হয় !

স্বপ্ন দেখার স্বাধীনতা !

অনেক ব্যবসা আর চাকরীর স্বরূপ এমনটা হয় যে, সেখানে আপনাদের স্বপ্ন দেখার কোন স্বাধীনতা থাকে না ! আপনাদের খোলা চোখের স্বপ্ন সীমারেখার বন্ধনে আবদ্ধ হয়ে থাকে !

ভারত সরকারের শিক্ষা বিভাগের এক ক্লার্ক সেমিনারের পরে আমার সাথে একটা জিনিষ ভাগ করে নিয়েছিলেন... যেটা আমার অত্যন্ত উপযুক্ত মনে হয়েছিল ! উনি বলেছিলেন – *"আমার বয়স এখন 41 বছর ! চাকরী থেকে রিটায়ার করার আগে আমার কতবার প্রোমোশন হবে আর আমি কোন্ পদে পৌঁছনোর পরে চাকরী থেকে রিটায়ার করব... সেসব আমি এখনই জানি ! সেই সময় আমার গড়পড়তা উপার্জন কি হবে, সেটার গণনাও আমি এখনই করতে পারি !"*

"আজ সেই পদে যে ব্যক্তি বসে আছেন আর রিটায়ার করতে চলেছেন... তাঁর জীবন-শৈলী আমার সামনে রয়েছে !" আমার সাথে কথা বলার সময় বাচ্চাদের শিক্ষা, নিজের বাড়ী হওয়ার স্বপ্ন আর মেয়েদের বিবাহের মত বিভিন্ন বিষয়ের ওপরে চিন্তা সেই ব্যক্তির চোখে-মুখে উঁকি মারছিল !

উনি বললেন – *"আমি এত কষ্টের সাথে চাকরী থেকে রিটায়ার করতে চাই না ! আমি নিজের পদে যত মেহনতই করি না কেন, নিজের সর্বস্ব দিয়ে যতই কাজ করি না কেন... তখনও কিছুই বদলাবে না ! আমার জীবনে তো ভবিষ্যতের স্বপ্ন দেখার স্বাধীনতাই নেই... কারণ ভবিষ্যতের রূপে সিনীয়র অফিসার আমার সামনে দাঁড়িয়ে রয়েছে !"*

"এজন্য আমি নেটওয়ার্কিং ব্যবসার সাথে যুক্ত হয়েছি ! যতই হোক্ এখানে স্বপ্ন দেখার স্বাধীনতা রয়েছে ! মেহনত আর নিষ্ঠা দ্বারা এখানে

সেই সব স্বপ্নকে সাকারও করে তোলা যেতে পারে... এমন বিশ্বাস প্রদান করা ব্যক্তি এখানে রয়েছেন! ভবিষ্যতের রূপে চমৎকারী উপলব্ধি আর আর্থিক স্বাধীনতা সম্পন্ন লীডারদের আমি যখন দেখি... তখন আমার ভেতরে ভালো ভাবে জীবন কাটানোর ইচ্ছা আরও বেড়ে ওঠে!"

ওনার বক্তব্যে আমি সত্যতা দেখতে পেয়েছিলাম! আজ যখন আমি নেটওয়ার্ক কোম্পানীগুলোর জন্য ওয়ার্কশপের আয়োজন করি... তখন সবার আগে আমি অংশ গ্রহণকারীদের তাঁদের স্বপ্নের বিষয়ে প্রশ্ন করি! একটা জিনিষ তো নিশ্চিত যে, নেটওয়ার্ক প্রণালী সাধারণ লোকেদেরও এতটা শক্তি প্রদান করে যে, তাঁরাও বড়-বড় স্বপ্ন দেখতে শুরু করে দেন! তাঁরা সেই সব স্বপ্ন সাকার করে তোলার ব্যাপারেও ভাবনা-চিন্তা করা শুরু করে দেন! সাধারণ লোকেদের স্বপ্ন শুনে আমার বুকের মধ্যেও নতুন আগুন প্রজ্বলিত হয়ে ওঠে... উৎসাহ আরও বেড়ে ওঠে!

সব থেকে বড় কথা হচ্ছে এটা যে, ওয়ার্কশপগুলোয়
লোকেদের সেই সব স্বপ্ন শুনে অন্য অংশ গ্রহণকারীরা
একেবারেই হাসেন না... ব্যঙ্গও করেন না!
উল্টে তাঁরা স্বপ্ন দেখতে থাকা ব্যক্তির
পিঠ চাপড়ান, তাঁদের স্বপ্ন সাকার হয়ে
ওঠার ভরসা প্রদান করেন!

বন্ধুরা! যদি স্বপ্ন না থাকত... তাহলে এই সংসারে একটাও আবিষ্কার হত না! স্বপ্নই আমাদের বেঁচে থাকার উদ্দেশ্য প্রদান করে! যদি আপনারাও বেঁচে থাকার উদ্দেশ্য প্রাপ্ত করতে চান... তাহলে এখন থেকেই স্বপ্ন দেখা শুরু করে দিন!

অন্যদের ভবিষ্যৎ গড়ে তোলার শক্তিশালী মাধ্যম !

আপনারা যদি আমাকে নেটওয়ার্ক মার্কেটিং-য়ের তিনটি শক্তিশালী লাভের ব্যাপারে প্রশ্ন করেন... তাহলে **"জন কল্যাণ"** সেগুলোর মধ্যে অন্যতম হবে ! আসুন... এটা বোঝার চেষ্টা করা যাক যে, আমরা কি ভাবে অন্যদের নবজীবন প্রদান করার মাধ্যম হয়ে উঠতে পারি !

আপনারা যদি দোকানদার হন বা প্রোফেশন্যাল হন আর আপনারা যদি লোকেদের সহায়তা করতে চান... তাহলে আপনারা কি করবেন ? খুব বেশী হলে আপনারা তাঁদের কিছু অর্থ বা জিনিষপত্র দিয়ে দেবেন... কিন্তু সেটারও একটা সীমা থাকবে ! আপনারা তাঁদের নিজেদের সাথে নিজেদের দোকানে তো বসাবেন না। দান বা সহায়তাও আপনারা একটা নির্দিষ্ট সীমা পর্যন্তই করতে পারবেন !

অন্য দিকে আপনারা যদি নেটওয়ার্ক মার্কেটিং প্রণালীর অংশ হন... তাহলে আপনারা হাজার-হাজার লোকেদের জীবন বদলে দিতে পারেন ! আপনারা নিজেদের লাভের কথা ভুলে যান... এই বিজনেসে আপনারা ভেঙে পড়া, নিরাশাগ্রস্ত লোকেদেরও ভালো ভাবে বেঁচে থাকার জন্য সঞ্জীবনী প্রদান করতে পারবেন। সেই সব লোকেদের সংখ্যা এক হোক্‌, এক হাজার হোক্‌, এক লক্ষ হোক্‌ বা এক কোটি... আপনারা নিজেদের যোগ্যতা দ্বারা অন্যদের প্রেরিত করে তুলে তাঁদের ভবিষ্যত গড়ে তুলতে পারবেন !

এক নতুন রাস্তা দেখিয়ে আপনারা আপনত্ব আর উৎসাহ দ্বারা তাঁদের মধ্যে বেঁচে থাকার উদ্দেশ্যের সৃষ্টি করতে পারবেন। এই অদ্ভূত বিজনেসে আপনারা অন্যদেরকে সফল করে তুলে নিজেদের সফলতাকেও সুনিশ্চিত করে তুলতে পারবেন !

আজকের যুগের অন্য সকল ক্ষেত্রেই গলা কাটা প্রতিযোগিতা রয়েছে... কিন্তু এখানে সকলে একে-অপরকে সফলতার দিকে ধাক্কা লাগান... কারণ এখানে একজন জিতলে সেটা পুরো টীমের জয় হয় !

বন্ধুরা ! অন্যদের ভবিষ্যত গড়ে তোলার এর থেকে
ভালো মাধ্যম আর কিছুই হতে পারে না !
নিজের আশপাশের প্রিয়জনেদের, নিরাশ হয়ে পড়া
লোকেদের, জীবনের কাছে হার মেনে নেওয়া
লোকেদের, কুন্ঠিত হয়ে পড়া লোকেদের –
সবাইকে আপনারা নতুন করে বাঁচার এক
সুযোগ প্রদান করতে পারেন !
তাঁরা সারাটা জীবন আপনাদের প্রতি
কৃতজ্ঞ হয়ে থাকবেন !

আপনারা যদি সত্যি-সত্যি অন্যদের সহায়তা করতে চান... তাঁদেরকে খুশীর মুহূর্ত প্রদান করতে চান – তাহলে তাঁদেরকে এই প্রণালীর ব্যাপারে বিস্তারিত ভাবে জানান ! তাঁদের সহায়ক হয়ে উঠুন... কারণ তাঁদের সহায়তার অত্যন্ত বেশী আবশ্যকতা রয়েছে ! তাঁদেরকে নেটওয়ার্ক প্রণালীর সাথে যুক্ত করে তুলুন আর সম্পূর্ণ নিষ্ঠার সাথে কাজ করার জন্য তাঁদেরকে প্রেরিত করে তুলুন !

◆——◆

19

প্রশিক্ষণ দ্বারা প্রভাবশালী ব্যক্তিত্বের নির্মাণ!

প্রশিক্ষণ এমন এক পক্ষ হয়... যেটা প্রায়ই নেটওয়ার্কাররা প্রকাশ করেন না বা সেটার গুরুত্ব জানেন না!

বন্ধুরা! আমি গত বেশ কয়েক বছর ধরে বিভিন্ন নেটওয়ার্ক মার্কেটিং কোম্পানীর কার্য প্রণালীর অধ্যয়ণ করে আসছি! তাদের বিজনেস করার পদ্ধতি, নিজেদের ডিস্ট্রিব্যুটরদের কার্যশীল করে রাখার পদ্ধতি আর প্রশিক্ষণ পদ্ধতি অবলোকন করার সুযোগ আমি অত্যন্ত কাছ থেকে প্রাপ্ত করেছি!

আমি আপনাদের অত্যন্ত দৃঢ়তার সাথে এমনটা বলতে পারি যে, যেসব কোম্পানী সাপোর্ট সিস্টেম, প্রশিক্ষণ পদ্ধতি, সিডি, সেমিনার আর লিটারেচারের সহায়তায় নিজেদের ডিস্ট্রিব্যুটরদের প্রশিক্ষিত করে তুলেছে... সেই সব কোম্পানী দীর্ঘদিন পর্যন্ত এই বিজনেসে টিকে থাকবে! তাদের বিজনেস আর বিস্তারের পক্ষে কোন কিছুই ঝুঁকি হয়ে উঠতে পারবে না। আর যেসব কোম্পানী কেবলমাত্র উৎপাদনের ওপরে আধারিত আর যারা ব্যক্তিকে গৌণ করে দেখে... সেই সব কোম্পানী শীঘ্রই বন্ধ হয়ে পড়বে! বর্তমানে আমি ভারতের এক অত্যন্ত দ্রুত ওপরের দিকে উঠে আসতে থাকা সৈদ্ধান্তিক নেটওয়ার্ক মার্কেটিং কোম্পানীর প্রশিক্ষণ সংগঠনের রচনায় নিজের অত্যন্ত তুচ্ছ অবদান রাখছি! সেই সব লীডারদের চিন্তাধারা দেখে আমার সম্পূর্ণ বিশ্বাস হয়ে পড়েছে যে, ইতিবাচক শৈলী, নিরপেক্ষ ব্যবহার, সৎ উদ্দেশ্য আর সম্পূর্ণ সমর্পণের মত বিলক্ষণ গুণগুলোর জোরে সেই কোম্পানী ভারতের শীর্ষস্থানীয় নেটওয়ার্ক মার্কেটিং কোম্পানীগুলোর সূচীতে নিজের স্থান অবশ্যই করে নেবে!

প্রশিক্ষণ আর শিক্ষণের মাধ্যমে নেটওয়ার্ক প্রণালী শ্রেষ্ঠ আর প্রভাবশালী ব্যক্তিত্ব নির্মাণের ক্ষেত্রে এক অত্যন্ত গুরুত্বপূর্ণ ভূমিকা পালন করে চলেছে!

আমি এমন অনেক লোকেদের জানি... যাঁরা মাইকের সামনে দাঁড়িয়ে কথা বলার নামেই কাঁপতে থাকতেন... ভীড়ের সামনে দাঁড়িয়ে তাঁদের মুখ দিয়ে আওয়াজ বার হত না – কিন্তু আজ তাঁরা সবাই অদ্ভূত বক্তা হয়ে উঠেছেন! তাঁরা মঞ্চে ওঠামাত্রই চার পাশের পরিবেশে চাঞ্চল্যের সৃষ্টি হয়!

অনেকে নিজেদের ঠিক ভাবে পেশ করতে পারতেন না! তাঁদের মধ্যে আত্মবিশ্বাসের অভাব ছিল... তাঁরা সকলে হীন ভাবনায় গ্রস্ত হয়ে উঠেছিলেন। নতুন লোকেদের সাথে কথা বলতে তাঁরা ভয় পেতেন! কিন্তু আজ তাঁরাই যে কোন সময়, যে কোন জায়গায়, যে কোন ব্যক্তির সাথে কথা বলতে পারেন! যে কোন জায়গায় গিয়ে বক্তব্য রাখতে এখন আর তাঁদের কোন প্রকারের সংকোচই হয় না! এমন অনেক লোকেদের আমি জানি, যাঁরা অত্যন্ত নেতিবাচক চিন্তাধারা পোষণ করতেন! তাঁরা সব কাজেই সমস্যা দেখতে পেতেন। তাঁরা অন্যদেরও মনোবল ভেঙে দিতেন... তাঁরা অত্যন্ত অ-জনপ্রিয় ছিলেন! নেটওয়ার্ক মার্কেটিং-য়ের সেমিনার ধীরে-ধীরে কখন যে তাঁদের সেই সব ভুল অভ্যাস আর চিন্তাধারা দূর করে দিয়েছে... সেটা তাঁরা নিজেরাও বুঝতে পারেননি! আজ তাঁরা নিজেদের জীবনে অত্যন্ত খুশী, তাঁদের চরিত্র আর আচরণে আসা পরিবর্তনকে এখন তাঁদের পরিবারের সদস্য আর আশপাশের লোকেরাও প্রশংসা করেন!

আমি এমন অনেক নিরাশ লোকেদেরও জানি... যাঁরা এমনটা মনে করতেন যে, দুনিয়ায় তাঁদের কোন উপযোগিতাই নেই! ওনারা জীবনে বেশ কয়েকবার ব্যর্থও হয়েছেন। এই সব প্রশিক্ষণ অনুষ্ঠান দ্বারা তাঁদের ভেতরে জেতার আগ্রহের সৃষ্টি হয়েছে... তাঁরা জীবনে আশার কিরণ দেখতে পেয়েছেন। তাঁরা সংকটে ঘাবড়ে না উঠে সংকটের ওপরে বিজয় প্রাপ্ত করার চেষ্টা করেছেন! তাঁরা বিপত্তির সাথে মোকাবিলা করা শুরু করে দিয়েছেন। এই সব অদ্বিতীয় গুণ কোন পার্সোনালিটি ডেভেলপমেন্ট কোর্সে সৃষ্টি করা হয়নি... এটা ছিল নেটওয়ার্ক মার্কেটিং-য়ের প্রশিক্ষণ অনুষ্ঠান আর সেমিনারের চমৎকার... সেখানকার ইতিবাচক উত্তেজনাপূর্ণ পরিবেশের কামাল! এই পরিবর্তনকে, এই অন্তর্মনকে নাড়া দেওয়া অভিজ্ঞতাকে আপনারা একমাত্র তখনই বুঝে উঠতে পারবেন... যখন আমরা কিছুদিন এমন পরিবেশে কাটাবেন!

চিন্তাধারার এই জাদু আপনারা লক্ষ-লক্ষ টাকা খরচ করেও নিজেদের ব্যক্তিত্বের মধ্যে নিয়ে আসতে পারবেন না... কিন্তু নেটওয়ার্ক সেমিনারে এই জিনিষটা আপনা থেকেই আপনাদের মধ্যে জাগ্রত হয়ে উঠতে লাগবে!

আপনাদের সংকুচিত হয়ে আসা চিন্তাধারা বিস্তৃত হয়ে পড়তে লাগবে... আপনাদের মস্তিষ্কের শৃংখল এক-এক করে ভেঙে পড়তে লাগবে! আপনারা নিজেদের ব্যবহারে আসা এই ইতিবাচক পরিবর্তনের বিরোধিতাও করতে পারবেন না... কারণ এটা আপনাদের শরীরের প্রতিটি তন্তুকে নিজের কবলে নিয়ে নেবে!

আমি এমনটা সর্বদাই বলি যে, আপনারা
নেটওয়ার্ক কোম্পানীর ডিস্ট্রিব্যুটর বা এ্যাডভাইসর
নাও হতে পারেন... কিন্তু নিজেদের ব্যক্তিত্বকে প্রভাবশালী করে
তোলার জন্য কিছু সেমিনারে অবশ্যই অংশ নিন! এই সব
সেমিনার আপনাদের ভেতরে জীবনকে জয় করার এমন কিছু
বিলক্ষণ গুণের সৃষ্টি করবে... যেগুলোর সহায়তায় আপনারা
জীবনের অন্যান্য ক্ষেত্রগুলোতেও অদ্বিতীয়
সফলতা অর্জন করে নেবেন!

আপনাদের নিজেদের পরিবারের সদস্যদের সাথে ভালো সামঞ্জস্যের সৃষ্টি হবে... আপনারা সমাজে প্রতিষ্ঠা অর্জন করবেন আর লোকেরাও আপনাদের সাথে যুক্ত হওয়ার ইচ্ছা প্রকাশ করবেন!

◆———◆

নেটওয়ার্ক সতর্কবাণী

আপনারা যদি অতি বুদ্ধিমান হয়ে উঠে
নিজেদের রাস্তা তৈরী করেন...
আপলাইনের কথা না শোনেন...
সিস্টেম অনুসারে না চলেন...
তাহলে আপনারা কিছু সময়ের জন্য
সফল হতে পারলেও নিজেদের সেই
সফলতাকে বজায় রাখতে পারবেন না !

20

উপযোগ করুন... পয়সা কামান !

আপনারা যদি নেটওয়ার্ক প্রণালী দ্বারা নিজেদের ভবিষ্যত গড়ে তুলতে না-ও চান, আপনারা যদি অন্য লোকেদের নিজেদের সাথে যুক্ত করে তুলে নিজেদের বিজনেসের বিস্তার করতে না-ও চান, আপনাদের যদি টাকা-পয়সার কোন আবশ্যকতা না-ও থাকে... তাহলেও এই বিজনেসের সাথে যুক্ত হওয়ার একটা অত্যন্ত গুরুত্বপূর্ণ কারণ রয়েছে !

আপনারা নিজেদের দৈনিক উপযোগের জন্য,
পরিবারের জন্য, অফিসের জন্য, ব্যবসাতে উপযোগ করার
জন্য দৈনিক জিনিষপত্র তো কিনতেই থাকেন !
সেই সব জিনিষ কেনার সমস্ত লাভ
ডিস্ট্রিব্যুটর আর দোকানদারদের পকেটে চলে যায়...
কারণ আপনারা বাজার মূল্যেই জিনিষ কেনেন !

এর ঠিক বিপরীত আপনারা যদি কোন উপভোক্তা উৎপাদন বা পরিষেবা ক্ষেত্রের নেটওয়ার্ক মার্কেটিং কোম্পানীর সাথে যুক্ত হন... তাহলে আপনাদেরই লাভ হবে ! সবার আগে তো আপনারা ভালো গুণবত্তার উৎপাদন প্রাপ্ত করবেন... তারপর আপনারা সেই সব জিনিষ কেনার ওপরে ডিস্কাউন্টও পাবেন... এই ডিস্কাউন্ট আপনাদের আয়ের রূপে ফলীভূত হবে ! আপনারা যত বেশী উৎপাদনের উপযোগ করবেন... আপনাদের আয়ও তত বেশী বেড়ে উঠবে ! বিশেষ ব্যাপার হচ্ছ এটা যে, এই সব উৎপাদনের জন্য আপনাদের অতিরিক্ত কেনাকাটা করতে হবে না ! আপনারা সেটাই কিনুন, যেগুলো আপনারা দৈনন্দিন জীবনে কিনে থাকেন !

আমার এক পরিচিত টেক্সটাইল ক্ষেত্রের নেটওয়ার্ক কোম্পানীর সাথে

যুক্ত হয়ে রয়েছেন! উনি নিজের আর নিজের পরিবারের জন্য, বন্ধু-বান্ধবদের জন্য, আত্মীয়-পরিজনদের জন্য নিজের কোম্পানীর থেকেই কাপড় কেনেন! এর ফলে এক দিকে যেমন উনি ভালো গুণবত্তার কাপড় পান... অন্য দিকে ডিস্কাউন্টের রূপেও ওনার আয় হয় আর উপযোগের সাথে-সাথে ওনার ব্যবসাও হয়ে পড়ে!

আমার পরিচিত অন্য আরেকজন ব্যক্তি ইন্‌শিয়োরেন্স প্রোডাক্ট মার্কেটিং করতে থাকা এক কোম্পানীর সাথে যুক্ত হয়ে রয়েছেন! নিজের পরিবারের সদস্যদের আর বন্ধুদের ইন্‌শিয়োরেন্স উনি নিজের কোম্পানী থেকেই করিয়েছেন। ওনাকে অন্য কোন ইন্‌শিয়োরেন্স এজেন্টের চক্কর কাটতে হয়নি! এজেন্টের রূপে অতিরিক্ত আয়ও হয়ে পড়েছে আর ইন্‌শিয়োরেন্স করানোর উদ্দেশ্যও সফল হয়ে পড়েছে!

উপযোগের উপযোগ আর অতিরিক্ত কোন খরচ ছাড়াই ভালো আয় কি কোন নেটওয়ার্ক প্রণালীর সাথে যুক্ত হওয়ার গুরুত্বপূর্ণ কারণ হতে পারে না ?

একেই বলে –

গাছেরও খাওয়া...
তলারও কুড়োন !

নিজেদের বিচার এখানে লিখুন

www.ujjwalpatni.com

নিজেদের বিচার এখানে লিখুন

www.ujjwalpatni.com

আনুন

আপনারা যদি কোন নেটওয়ার্ক মার্কেটিং বিজনেসের
সাথে যুক্ত হয়ে পড়েছেন... তাহলে এবার অন্যদের
যুক্ত করার রহস্য জানুন !
আপনারা যদি আগে থেকেই যুক্ত হয়ে রয়েছেন...
কিন্তু অন্যদের যুক্ত করতে পারছেন না,
তাহলে নিজের কিছু ধারণায় পরিবর্তন আনুন !

21

একে এক মিলিয়ন ডলারের বিজনেসের মত পেশ করুন !

যদি কোন সাধারণ বিজনেসের আয় প্রদান করার ক্ষমতা ভালো হয়... তাহলে লোকেরা সেই বিজনেসে সম্পূর্ণ নিষ্ঠা, সমর্পণ আর জবরদস্ত মেহনতের সাথে কাজ করে চলেন !

সাধারণ ব্যবসায়িক পদ্ধতিতে যদি কোন বিজনেস ভালো আয় প্রদান করে... তাহলে সেই বিজনেসে মূলধনও লক্ষ-কোটি টাকা লাগে ! সেটার সাথে ঝুঁকিও যুক্ত হয়ে থাকে... নীতিতে সামন্যতম পরিবর্তনের কারণে সেই বিজনেসে লস্‌ও হতে পারে !

নেটওয়ার্ক প্রণালীর বিজনেসে মূলধন অত্যন্ত কম লাগে... কিন্তু নেটওয়ার্ক মার্কেটিং-য়ের মূলধনের ওপরে বেশী দৃষ্টি দেওয়ার কোন প্রয়োজন নেই ! যে প্রকার সংসারের সব থেকে বড় আর মজবুত দরজার তুলনায় সেই দরজার চাবি অত্যন্ত ছোট হয়... ঠিক সেই প্রকার নেটওয়ার্ক মার্কেটিং-য়ের অসীমিত আয়ের তুলনায় সেটার মূলধন অত্যন্ত কম হয় !

লোকেরা প্রায়ই একে ছোট বা সাধারণ বিজনেস মনে করে শুরু করেন ! তাঁরা এই বিজনেসের প্রতি ততটা সিরীয়াস হন না... নিজেদের পূর্ণ শক্তির প্রয়োগ করেন না আর এজন্যই তাঁরা প্রায় ক্ষেত্রে এই বিজনেসে ব্যর্থ হয়ে ওঠেন ! সমর্পণ যেমন হয়, পরিণামও ঠিক তেমনটাই হয় ! আপনারা যখন বিজনেস সম্পূর্ণ সমর্পণের সাথে না করেন... তখন বিজনেসও আপনাদের পূর্ণ পরিণাম প্রদান করে না !

এই বিজনেসকে এক বিশাল বিজনেসের মত পেশ করুন, নিজেদের ভেতরে এক অত্যন্ত সম্ভাবনাশীল শিল্পের সি.ই.ও.-র জন্ম দিন !

নেটওয়ার্ক মার্কেটিং-কে সর্বদা মিলিয়ন ডলারের মতই সামলে রাখুন... কারণ এটাই হচ্ছে সেই সুযোগ, যেটা আপনাদের ব্যাংক এ্যাকাউন্টে মিলিয়ন ডলার নিয়ে আসতে পারে!

নিজেদের ভিজিটিং কার্ড, লেটার হেড, নিজেদের বেশভূষা, শিষ্টাচার, সম্মান – সব কিছুই এক বিশাল শিল্পের সর্বেসর্বার মতই রাখুন! নিজেদের বিজনেসের ব্যাপারে কথা বলার সময় গর্ব অনুভব করুন! এমনটা কখনো ভাববেন না যে, আপনাদের কাছে অন্য কোন বিজনেস ছিল না... সেজন্যই আপনারা নেটওয়ার্ক মার্কেটিং-য়ের সাথে যুক্ত হয়েছেন!

এমনটা মনে করুন যে, আপনারা নিজেদের জীবনের
এক শ্রেষ্ঠ নির্ণয় গ্রহণ করেছেন আর সেটা বাধ্য হয়ে
নয়...বরং নিজের ইচ্ছায় আপনারা এটাকে
নিজেদের কেরিয়ার হিসেবে বেছে নিয়েছেন!
আপনাদের বিশ্বাস আর গর্ব আপনাদের শব্দের
মাধ্যমে অন্য ব্যক্তির মস্তিষ্ক পর্যন্ত পৌঁছয়
আর তাঁদের অবচেতন মস্তিষ্কের ওপরে
প্রভাব বিস্তার করে!

22

নেতিবাচক ধারণা দূর করুন !

এই বিজনেসের ব্যাপারে আলাদা-আলাদা সময়ে পৃথিবীর বিভিন্ন দেশে বিভিন্ন প্রকারের দুষ্প্রচার চালানো হয়েছে ! কিছু দুষ্প্রচার এই প্রণালী দ্বারা প্রভাবিত শিল্পগুলো দ্বারা চালানো হয়েছে... কিছু প্রচার অ-সৈদ্ধান্তিক আর বেইমান নেটওয়ার্ক কোম্পানী দ্বারা চালানো হয়েছে আর কিছু দুষ্প্রচার সেই সব ডিস্ট্রিব্যুটররা করেছেন... যাঁরা নিজেদের ব্যর্থতার দায় এই বিজনেসের ওপরে চাপিয়ে দিয়েছেন !

আপনারা যখন নতুন লোকেদের নিজেদের সাথে যুক্ত করার চেষ্টা করেন... তখন তাঁদের মধ্যে কিছু লোক এই প্রণালীর ওপরে সংশয় ব্যক্ত করেন ! একে বাজে চিট্ ফাণ্ড কোম্পানীগুলোর শ্রেণীর বিজনেস বলে মনে করেন ! তাঁরা আপনাদের প্রস্তাবের বিরোধিতা করেন !

তাঁদের কথার প্রতিবাদ করবেন না... তাঁদের বিরোধিতা করবেন না ! তাঁদের পুরো কথা অত্যন্ত মনোযোগ সহকারে শুনুন আর তারপর নিজেদের তরফ থেকে সঠিক তথ্য তুলে ধরুন ! তাঁরা বিরোধিতা এজন্য করছেন... কারণ আপনারা পৌঁছনোর আগে ওনাদের কাছ পর্যন্ত এই ধরণের গুজব পৌঁছে গেছে ! তাঁদের মস্তিষ্কে ভুল ধারণা ঢুকে বসে রয়েছে ! তাঁরা বিরোধিতা এজন্য করছেন... কারণ এই বিজনেসে কিছু বাজে আর সিদ্ধান্তহীন কোম্পানীও রয়েছে... যারা এমন লোকেদের বিশ্বাসে আঘাত করেছে !

আপনারা নিজেদের সঠিক তথ্য উপযুক্ত প্রমাণের সাথে তুলে ধরুন ! তাঁদের তুলনা করতে দিন যে, কোন্টা ঠিক আর কোন্টা ভুল !

এটা কোন জালি বিজনেস নয় !

এই বিজনেসে যে লাভ হয়... সেটা কোম্পানী থেকে সরাসরি উপভোক্তা পর্যন্ত উৎপাদন পৌঁছে দেওয়ার কারণে হয়! মাঝখানের চ্যানেল সরে যাওয়ায় আর বিজ্ঞাপনের খরচ বেঁচে যাওয়ায় যে আয় হয়... সেটা আপনাদের অ্যাকাউন্টে যায়!

এটা কোন চিট্ ফাণ্ড নয়!

এই বিজনেস সরকার আর আন্তজার্তিক আর্থিক সংস্হাগুলো দ্বারা প্রস্তুত মানকের ভিত্তিতে কাজ করে!

এটা কোন পিরামিড স্কীমও নয়!

দুনিয়ার সব থেকে বড় নেটওয়ার্ক মার্কেটিং কোম্পানীগুলোর অন্যতম 'এ্যাম্-ওয়ে'-কে নিজের শুরুর দিনগুলোয় মীডিয়া আর ফেডারেল ট্রেড কমিশনের তরফ থেকে যথেষ্ট সমস্যার মোকাবিলা করতে হয়েছে... ওদের বিরুদ্ধে অনেক প্রকারের আপত্তিও তোলা হয়েছিল!

'এ্যাম্-ওয়ে' এই লড়াই লড়ার সংকল্প গ্রহণ করেছিল! চার বছরের জবরদস্ত আইনী লড়াই লড়ার পরে 1979 সালে নেটওয়ার্ক মার্কেটিং-কে এক বৈধানিক এবং আইনী মান্যতা প্রাপ্ত বিজনেস হিসেবে ঘোষণা করা হয়! তারপর আন্তজার্তিক স্তরে মানক আর নিয়মের নিদ্ধর্ারণ করা হয়! আজ দুনিয়ার অধিকাংশ দেশে এটা এক মান্যতা প্রাপ্ত ব্যবসায়িক প্রণালী হিসেবে স্বীকৃতি প্রাপ্ত করে নিয়েছে!

কোন বিজনেসই স্যাচুরেটেড হয় না !

প্রায়ই লোকেরা নেটওয়ার্ক প্রণালীর সাথে যুক্ত হওয়ার পরে নতুন লোকেদের যুক্ত করার জন্য চেষ্টা করতে থাকেন ! এই প্রচেষ্টায় সংযোগবশতঃ তাঁরা এমন কিছু লোকেদের মুখোমুখি হয়ে পড়েন... যাঁরা নিজেরা হয় সফল হতে পারেন নি অথবা নিজেদের ভেতরে নেতিবাচক ধারণা পোষণ করে রেখেছেন !

কিছু উল্টোপাল্টা জবাব পাওয়ার পরে এমনটা মনে হতে থাকে, যেন এই বিজনেস স্যাচুরেটেড হয়ে পড়েছে আর এতে নতুন লোকেদের জন্য আর কোন স্হান নেই ! এমন ভাবনা মনে আসামাত্রই সমস্ত উৎসাহ ঠাণ্ডা হয়ে আসে আর আমরা অন্তর্মন দ্বারা নতুন লোকেদের নিজেদের সাথে যুক্ত করতে পারি না !

আমার বেশ ভালো করে মনে আছে... 90-য়ের দশকে দুনিয়ার বিজনেস পণ্ডিতেরা এমন ঘোষণা করেছিলেন যে, এবার টি.ভি. আর ফ্রীজ নির্মাতাদের সাবধান হয়ে পড়া উচিত... কারণ পৃথিবীর অধিকাংশ সমর্থ জনসংখ্যার কাছে টি.ভি. আর ফ্রীজ পৌঁছে গেছে ! নতুন খরিদ্দার এখন আর থাকবে না বললেই চলে ! এই শুনে একবারের জন্য তো উৎপাদকদের মধ্যে চাঞ্চল্যের সৃষ্টি হয়ে পড়ল !

আশ্চর্যের কথা হচ্ছে এটা যে, সেই বছরে টি.ভি. আর ফ্রীজ নির্মাতারা তার আগের বছরে করা বিজনেসের তুলনায় আরও বেশী বিজনেস করেছিলেন ! সব বিজনেস পণ্ডিতেরা ফেল্ করে গিয়েছিলেন !

কারও ছোট টেলিভিশন, কারও বড় টেলিভিশন, কারও বেশী চ্যানেলের টি.ভি., কারও ফ্ল্যাট... লোকেদের ক্রমশঃ পরিবর্তিত হতে থাকা আশা

আর ফায়নান্স কোম্পানীগুলো এক সাথে মিলে এক নতুন ইতিহাসের রচনা করেছিল !

এমন পরিস্থিতিতে প্রশ্ন এটা ওঠে যে, সত্যিই কি কোন বিজনেস স্যাচুরেটেড হতে পারে... বোধহয় না ! উৎপাদন বদলাতে পারে, ডিজাইন, টেক্‌নিক, রং – এই সব কিছু পরিবর্তনশীল হতে পারে... কিন্তু বিজনেস আগের মতই চলতেই থাকবে ! হ্যাঁ... এটা ঠিক যে, কখনো-কখনো এক ছোট ক্ষেত্রে প্রচুর সংখ্যক ডিস্ট্রিব্যুটর হয়ে পড়ার কারণে বিজনেসের বৃদ্ধির গতি ধীর হয়ে আসতে পারে। এমন পরিস্থিতিতে নিরাশ হয়ে পড়ার কোন কারণ নেই... কারণ সারা দেশ হচ্ছে আপনাদের কার্যক্ষেত্র !

যতক্ষন পর্যন্ত মানুষ এই পৃথিবীতে রয়েছে, খাবার খাচ্ছে, হজম করছে, নিজেদের শখ পূরণ করছে, এদিক-ওদিক ঘুরে বেড়াচ্ছে... ততক্ষন পর্যন্ত নেটওয়ার্ক মার্কেটিং কোম্পানীগুলোও টিকে থাকবে... কারণ তারা মানুষের প্রয়োজন অনুসারে বাজারে একের-পর-এক উৎপাদন নিয়ে আসতে থাকবে !

আপনারা এটা জেনে আশ্চর্য হয়ে উঠবেন যে, বর্তমানে গোটা দুনিয়ার 2% লোকও এই প্রণালীর অংশ হয়ে উঠতে পারেনি... তাহলে এমনটা বলা মোটেই অতিশয়োক্তি হবে না যে, সারা সংসার আপনাদের জন্য অপেক্ষা করে রয়েছে আর আপনাদের সফলতার সম্ভাবনাও অত্যন্ত বেশী !

নিজের সূচী তৈরী করুন !

আমি নিজের সেমিনারে অংশ গ্রহণ করা লোকেদের কাছ থেকে প্রায়ই এমনটা শুনতে পাই যে, তাঁরা যখনই অন্যদের নিজেদের সাথে যুক্ত করতে যান... অধিকাংশ লোক একই ধরণের উত্তর দেন – তাঁদের বন্ধু-বান্ধবদের গণ্ডী অত্যন্ত ছোট, তাঁদের পরিচিত ব্যক্তিদের সংখ্যা কম ইত্যাদি-ইত্যাদি! আমি তাঁদের নিজেদের চেনা-পরিচিত ব্যক্তিদের একটা লিস্ট বানাতে বলি! এতে তাঁরা এটা দেখে অবাক হয়ে উঠবেন যে, তাঁরা এতগুলো লোককে জানা সত্ত্বেও এতদিন অন্ধকারে পড়ে ছিলেন!

আপনাদেরও কি কোন সময় নিজেদের পরিচয় ক্ষেত্র ছোট বলে মনে হয় ? তাহলে আপনারা নিজেদের লিস্টের ওপরে আবার একবার চোখ বোলান... নিশ্চিত রূপে আপনারা নতুন লোকেদের সন্ধান পাবেন ঃ-

◇ আপনাদের পুরোন এবং বর্তমান মিত্র
◇ আপনাদের বাচ্চাদের বন্ধু আর তাদের পরিবারের সদস্য
◇ আপনাদের পত্নীর বান্ধবী
◇ আপনাদের আত্মীয়
◇ আপনাদের সহকর্মী
◇ আপনাদের পত্নীর সহকর্মী *(পত্নী যদি কার্যরতা হন)*
◇ আপনাদের মুদীর দোকানদার
◇ আপনাদের শিক্ষক
◇ আপনাদের পোশাক বিক্রেতা
◇ আপনাদের জুতো বিক্রেতা
◇ আপনাদের বীমা এজেন্ট
◇ আপনাদের সি.এ.
◇ আপনাদের ব্যাঙ্ক কর্মী

❖ আপনাদের পোস্টম্যান
❖ আপনাদের সেলুন মালিক
❖ আপনাদের গাড়ীর মেকানিক
❖ আপনাদের ফল বিক্রেতা
❖ আপনাদের পুস্তক বিক্রেতা
❖ আপনাদের বর্তমান প্রতিবেশী
❖ আপনাদের আগের পাড়ার প্রতিবেশী
❖ আপনাদের জুয়েলার্স
❖ আপনাদের বিউটীশিয়ান
❖ আপনাদের ডাক্তার
❖ আপনাদের পিতার বন্ধু
❖ আপনাদের শ্বশুরের বন্ধু
❖ আপনাদের ইত্যাদি-ইত্যাদি!

আশা করি যে, আপনাদের লিস্টে এবার বেশ কিছু নতুন লোকের অন্তভুক্তি হয়ে পড়েছে!

লোকেদের এই ভ্রম ভেঙে দিন আর নিজেদেরও এই ভ্রম ভেঙে ফেলুন যে, আপনাদের সাথে যুক্ত করার জন্য লোকেদের অভাব রয়েছে – লোকেদের নিজেদের সাথে যুক্ত করার জন্য বেরিয়ে পড়ুন!

নেটওয়ার্ক সতর্কবাণী

এটা 'ফটাফট্‌ ধনী' বা
'কাজ না করেই ধনী'
করে তোলার প্রণালী নয়...
এটাও আপনাদের থেকে কঠোর মেহনত আর
দৃঢ় নিশ্চয়তার দাবী জানায় !
যদি কাজ না করেই ধনী হওয়া যেত,
তাহলে দুনিয়ায় কেউ-ই কাজ করত না !

সাধারণ লোক, অসাধারণ উচ্চতা!

অসাধারণ উচ্চতা হাসিল করা সাধারণ লোকেদের সাথে মিলিত হোন্ আর যাঁদের যুক্ত করতে চান...তাঁদের সাথেও মিলিত হোন্! আপনারা যখনই নতুন কোন লোককে বিজনেসের ব্যাপারে বলেন... এই বিজনেস থেকে হওয়া আয়ের ব্যাপারে জানান – তাঁরা সহজে সেটাকে বিশ্বাস করে উঠতে পারেন না!

সবার এমনটা মনে হতে থাকে যে, কোন যন্ত্রপাতি আর মূলধন ছাড়া এত বেশী উপার্জন সম্ভব নয়! তাঁদের মনের মধ্যে সংশয়ের সৃষ্টি হয়ে পড়ে! আপনাদের দ্বারা দেওয়া সমস্ত প্রমাণ আর যুক্তি তাঁদের মনের এই সংশয়ের সামনে অসহায় হয়ে ওঠে! কিছু লোক তো আপনাদের দ্বারা দেওয়া ডাটা বা তথ্য পড়ে দেখতেও সম্মত হন না!

এমন পরিস্হিতিতে দুনিয়ার সব থেকে কার্যকরী আর অকাট্য হাতিয়ারের রূপে সামনে আসেন সেই সব ব্যক্তি... যাঁরা আগে একেবারে সাধারণ ছিলেন আর এই বিজনেস যাঁদেরকে বিশেষ শ্রেণীতে উন্নীত করে তুলেছে। এমন লোকেরা... যাঁরা বিপত্তিকে পরাজিত করে শীর্ষে আরোহণ করেছেন!

লোকেরা যখন এটা দেখেন যে, তাঁদের মতই সাধারণ কোন ব্যক্তি কেবলমাত্র মেহনতের জোরে এই বিজনেসে কোথা থেকে কোথায় পৌঁছে গেছেন... তখন তাঁদের মনেও আশার শিখা জ্বলে ওঠে! তাঁদের সমস্ত সংশয় আর প্রশ্নের প্রাচীর ভেঙে পড়তে থাকে!

প্রত্যক্ষ রূপে সামনে দাঁড়িয়ে থাকা সফল ব্যক্তির থেকে বড় প্রেরণা আর শক্তি আর কেউ-ই দিতে পারে না!

26

বর্তমান ব্যবসার সাথেও, ব্যবসার পরেও!

নেটওয়ার্ক মার্কেটিং প্রণালীর সব থেকে বড় বিশেষত্ব হচ্ছে এটা যে, আপনারা নিজেদের বর্তমান কার্যক্ষেত্রের কোন প্রকারের ক্ষতি না করেই এটা শুরু করতে পারেন! এটা আপনাদের অতিরিক্ত উপার্জনের এক সাধন হয়ে উঠে আপনাদের আত্মবিশ্বাস আর আর্থিক শক্তি বৃদ্ধি করবে!

এই আত্মবিশ্বাস আপনাদের ব্যবসায়িক চাপের থেকে মুক্ত করে তুলবে... যার ফলে আপনারা আরও বেশী একাগ্র হয়ে নিজেদের কাজ করতে পারবেন। নেটওয়ার্ক প্রণালীর মাধ্যমে আপনাদের যে অসংখ্য বন্ধু সৃষ্টি হবে... তাঁরা আপনাদের ব্যক্তিগত ব্যবসাতেও আপনাদের গ্রাহক হয়ে উঠবেন!

আমার ওয়ার্কশপগুলোয় অনেকে এমনটা বললেন যে,
তাঁরা যবে থেকে নেটওয়ার্কিং-য়ের সাথে যুক্ত হয়েছেন,
তাঁদের ব্যক্তিগত ব্যবসা আর কার্যক্ষেত্রেও
উল্লেখযোগ্য উন্নতি হয়েছে!
কেউ-কেউ এই উন্নতির কৃতিত্ব নিজের ব্যক্তিত্বে
আসা জবরদস্ত পরিবর্তনকে প্রদান করেন...
তো কেউ নেটওয়ার্কের নতুন বন্ধুদের!

কিন্তু সকলেরই এক সাধারণ মত হচ্ছে এই যে, নেটওয়ার্ক কোম্পানীর সাথীরা ব্যক্তিগত রূপে গ্রাহক হয়ে তাঁদের উপার্জনে বৃদ্ধি করেছেন! এর অর্থ হচ্ছে এই যে, নেটওয়ার্ক মার্কেটিং উপার্জনের এক অতিরিক্ত উৎসও প্রদান করে এবং বর্তমান কার্যকেও এক নতুন উচ্চতা প্রদান করে!

নেটওয়ার্ক প্রণালীর এক অদ্বিতীয় পক্ষ হচ্ছে – "ব্যবসার পরেও"!

আপনারা যে কার্যক্ষেত্রেই থাকুন না কেন... আপনাদের আয় একমাত্র তখনই প্রাপ্ত হয়, যখন আপনারা সেই কাজটা করেন! সঙ্গীতকার আর লেখকদের বাদ দিলে অধিকাংশ ক্ষেত্রে রয়্যালিটি দেওয়া হয় না! যতক্ষন পর্যন্ত কাজ করা হয়, সেই অনুপাতে উপার্জন হয়!

কিন্তু নেটওয়ার্ক বিজনেসকে আপনারা নিজেদের মূল ব্যবসার সাথে-সাথে এক ছোট সুযোগের রূপে বিকশিত করে তোলেন! একটা নির্দিষ্ট মেয়াদের পরে যখনই আপনাদের মূল ব্যবসা বন্ধ হয়ে পড়ে বা আপনারা সেটাকে বন্ধ করে দেন, তখন সেটার থেকে প্রাপ্ত উপার্জনও বন্ধ হয়ে পড়ে... কিন্তু আপনাদের পার্টটাইম বিজনেস থেকে তখনও উপার্জন আসতে থাকে! আপনারা যদি সঠিক সময়ে নেটওয়ার্ক মার্কেটিং প্রণালীতে মেহনত করেন... তাহলে আপনারা সারা জীবনের আর্থিক পরাধীনতার হাত থেকে মুক্তি পেতে পারেন!

এজন্যই বলা হয়ে থাকে ঃ-

ব্যবসার সাথেও...
ব্যবসার পরেও!

নেটওয়ার্ক মার্কেটিং-য়ের ব্যাপারে লোকেদের নেতিবাচক ধারণা !

এটা এক জালি বিজনেস !
এর উৎপাদন অত্যন্ত দামী !
কোম্পানী কার্যসিদ্ধি করে পালাবে !
এই বিজনেসে সেল্সম্যানেদের মত লোকেদের
দরজায়-দরজায় ঘুরে বেড়াতে হয় !
লোকেরা এই বিজনেসকে ঘৃণা করে...
দেখা করার সময় দেয় না !
সেমিনার আর ট্রেনিং ইত্যাদি হচ্ছ পয়সা
লোটার মাধ্যম !
এই বিজনেস স্যাচুরেটেড হয়ে পড়েছে !
এটা হচ্ছ বেকার লোকেদের বিজনেস !

আপনারা যদি এই *"আসুন-আনুন-জিতুন"* পুস্তক মনোযোগ সহকারে পড়েন, এই পুস্তকে দেওয়া পরামর্শগুলোকে নিজেদের ভেতরে আত্মসাৎ করেন... তাহলে আপনারা লোকেদের এমন নেতিবাচক ধারণার মধ্যেও ইতিবাচক পরিণাম প্রাপ্ত করতে পারবেন ! আপনাদের প্রতি আমার শুভ কামনা রইল যে, আপনাদের স্বপ্ন সাকার হয়ে উঠুক !

27

প্রস্তুতির সুবর্ণ সুযোগ !

দেখা করার সময় নিন !

আপনারা যাঁর সাথেই দেখা করতে যাচ্ছেন... আগে তাঁর থেকে সময় চেয়ে নিন ! সময় চাওয়ার সময় আপনাদের তাঁর সাথে দেখা করার কারণটা বিস্তারিত রূপে জানাতে যাবেন না... শুধু এইটুকু জানান যে, একটা বিশেষ বিজনেসের ব্যাপারে আপনারা তাঁর সাথে দেখা করতে চান ! এই বিজনেস যে কোন ব্যক্তির জীবনটাকে বদলে দেওয়ার ক্ষমতা রাখে ! যদি কখনো আকস্মিক রেল যাত্রা বা অন্য কোন উপলক্ষ্যে নতুন কোন লোকের সাথে সময় কাটাতে হয়... তাহলে আপনারা কোন প্রকারের ভূমিকা ছাড়াই তাঁর সামনে নিজেদের ব্যবসার সুযোগ পেশ করতে পারেন !

অজানা থেকে জানার দিকে !

যদি সামনের ব্যক্তি নেটওয়ার্ক প্রণালীর বিরোধী হন বা তিনি যদি নিজের মনে নেতিবাচক ধারণা পোষণ করেন... তাহলে যথেষ্ট সমস্যার মুখোমুখি হতে হয় ! এমন পরিস্থিতিতে ব্যক্তিগত আগ্রহ, রাজনীতি, পরিবার, দেশের অর্থ ব্যবস্থা বা খেলাধুলোর মত অন্য কোন বিষয়ে কথাবার্তা শুরু করুন ! আপনারা যদি সরাসরি বিজনেসের ব্যাপারে কথা শুরু করেন, তাহলে সেই ব্যক্তি আপনাদের বিরোধিতা করবেন... কারণ তাঁর এমনটা মনে হবে যে, আপনারা তাঁর ওপরে নিজের বক্তব্য জোর করে চাপিয়ে দিচ্ছেন বা তাঁর থেকে জোর করে সম্মতি আদায় করার চেষ্টা করছেন !

এর বদলে যদি কয়েক মিনিট পর্যন্ত একে-অপরের বিষয়ের ওপরে কথা বলা যায়, তাহলে একে-অপরের দৃষ্টিভঙ্গী বুঝতে সুবিধা হয় আর বিরোধিতার স্তরটাও মৃদু হয়ে আসে !

এর পরে ধীরে-ধীরে আপনারা নিজেদের মূল লক্ষ্যে চলে আসুন ! সম্পূর্ণ

তন্ময়তা আর গম্ভীরতার সাথে নিজেদের বক্তব্য পেশ করুন! ধীরে-ধীরে আপনারা যখন অজানা থেকে জানার দিকে অগ্রসর হবেন... তখন সামনের ব্যক্তিও আপনাদের বক্তব্যের সাথে সম্মত হয়ে উঠবেন আর আপনাদের কথা মনোযোগ সহকারে শুনবেন!

প্রশ্ন করুন !

"বেশী শুনুন... কম বলুন" – এটাই হচ্ছে নেটওয়ার্কিং-য়ের মূল মন্ত্র! বেশী শোনার জন্য আপনাদের এমন প্রশ্ন করতে হবে... যেগুলোর জবাব তিনি দিতে পারেন! এই সব প্রশ্নও এমন ভাবে করা উচিত, যাতে সামনের ব্যক্তি আপনা থেকে জবাবের দিকে এগোতে পারেন। উদাহরণ হিসেবে –

আবার দেখা করার জন্য বুধবার আসব, না বৃহস্পতিবার ?

এমন প্রশ্ন সামনে ব্যক্তিকে বেঁধে ফেলে আর তাঁকে হয় বুধবার বলতে হয়, নয়তো বৃহস্পতিবার !

আপনার প্রাথমিকতা কি – আর্থিক স্বাধীনতা, সময়ের স্বাধীনতা... না কি অন্য কিছু ?

সামনের ব্যক্তি উত্তর দেওয়ার জন্য বাধ্য হয়ে ওঠেন। প্রশ্নোত্তরের মাধ্যমে আপনারা সেই ব্যক্তির সংকোচ দূর করতে পারেন এবং তাঁর মনের মধ্যে কি চলছে, সেটাও জানতে পারেন !

এই প্রকার কথা বলে চলার জন্য বার্তালাপে নীচের শব্দগুলোর সহায়তা গ্রহণ করা উচিত !

আচ্ছা, কি করে, কেন, কোথায়, ওহো, সত্যি,
তারপর, বাহ, দারুণ, জবরদস্ত, অদ্ভূত !

এই সব শব্দগুলোকে 'সেতু বন্ধন' বলা হয়ে থাকে আর এগুলো একটা বাক্যের সাথে অন্য বাক্যকে যুক্ত করার কাজ করে! এই 'সেতু বন্ধন'-য়ের মাধ্যমে আপনারা সেই ব্যক্তির ব্যাপারে আরও বেশী জানতে পারবেন !

স্বপ্নের পিঠ চাপড়ান !

সামনের ব্যক্তি যদি আপনাদের কথা মন দিয়ে শুনছেন, ধৈর্য্য সহকারে

আপনাদের প্রশ্নর উত্তর দিচ্ছেন... তাহলে আপনারা এবার তাঁর স্বপ্নের ব্যাপারে কথা বলুন! এমন স্বপ্ন, যেটা তিনি অবশ্যই সাকার করে তুলতে চান... কিন্তু যেটা সাকার করার পথে প্রচুর বাধা আসছে! ওনার সেই সব স্বপ্নকে জাগ্রত করে তুলুন!

দেহ ভাষা বিশেষজ্ঞ এ্যালান পীসের শব্দে বলতে গেলে – "সঠিক বাটনে চাপ দিন!"

সাধারণ ব্যক্তি হোন্, সাহস জোগান!

সামনের ব্যক্তির স্বপ্নের পিঠ চাপড়ানোর পরে আপনারা এক সাধারণ ব্যক্তি হয়ে উঠে তাঁকে সাহস জোগান! তাঁকে এমনটা অনুভব করান যে, ওনার এই সফরে আপনারাও তাঁর পাশে রয়েছেন! তাঁকে সাহস জোগান যে, নিজের স্বপ্ন সাকার করে তোলার সম্পূর্ণ যোগ্যতা ওনার মধ্যে রয়েছে! আপনারা যদি সঠিক ভাবে তাঁর স্বপ্নের পিঠ চাপড়াতে পারেন... তাহলে সমস্ত বাধা দূর হয়ে পড়বে!

তৎক্ষনাত যুক্ত করে নিন!

এবার আর দেরী করবেন না... সামনের ব্যক্তিকে নিজের মন বদলাতে দেবেন না... তৎক্ষনাত সেই ব্যক্তির থেকে একটা প্রতিশ্রুতি আদায় করে নিন! সম্ভব হলে সেদিনই তাঁকে নিজেদের সাথে যুক্ত করে নিন... কারণ মানুষের মত বড়ই চঞ্চল হয়, সেটা বদলে যেতে সময় লাগে না!

সেমিনারে নিয়ে আসুন!

যুক্ত করার পরে প্রথম সেমিনারে তাঁকে অবশ্যই নিয়ে আসুন... যাতে আপনাদের সাথে তাঁর বন্ধনটা আরও বেশী মজবুত হয়ে ওঠে! তিনি যাতে সৈদ্ধান্তিক রূপে এই বিজনেস প্রণালীকে বুঝতে পারেন আর এটার সাথে এক ভাবনাত্মক সম্পর্ক গড়ে তুলতে পারেন! এই প্রণালীকে তিনি যেন সিরীয়াসলী গ্রহণ করেন আর এটাকে ভবিষ্যত আয়ের এক বড় মাধ্যম হিসেবে মনে করেন! এই সেমিনার তাঁকে এই ব্যাপারেও বিশ্বাস প্রদান করবে যে, আপনারা তাঁকে ভবিষ্যতের এক সঠিক রাস্তা দেখিয়েছেন। আপনারা কেবলমাত্র বিজনেস করার জন্য আর নিজেদের ভালোর জন্য তাঁর কাছে যাননি... বরং আপনারা ওনারও ভালো চান!

নেটওয়ার্ক সতর্কবাণী

যে কোন উৎপাদনের ব্যাপারে অতিরিক্ত
প্রতিশ্রুতি বা গ্যারান্টী দেবেন না...
তা আপনাদের অভিজ্ঞতা যা-ই বলুক না কেন !
ততটাই প্রতিশ্রুতি দিন,
যতটা কোম্পানী বলে...
অন্যথা সমস্যা দেখা দেওয়ামাত্র
গ্রাহক আপনাদের ওপরে চড়ে বসবে !

নেটওয়ার্ক মার্কেটিং আর গড়পড়তার নিয়ম !

আমি নেটওয়ার্কারদের অনেক দিন ধরে প্রশিক্ষণ দিয়ে আসছি ! সেগুলোর মধ্যে বিভিন্ন উৎপাদন প্রস্তুতকারী কোম্পানী শামিল রয়েছে ! সেই সব কোম্পানীর শীর্ষ লোকেদের সাথে মিলিত হয়ে আমি এটা জানতে পেরেছি যে, নেটওয়ার্ক মার্কেটিং-য়ের গড়পড়তা নিয়মগুলো অধিকাংশ ক্ষেত্রে সঠিক হয় !

নেটওয়ার্ক মার্কেটিং-য়ের সাধারণ গড়পড়তা হচ্ছে 10 : 6 : 3 : 1 !

যদি 10-জন লোক আপনাদের প্ল্যান শোনেন... তাহলে 6-জন এই বিজনেসের ব্যাপারে উৎসাহিত হয়ে ওঠেন আর তৎক্ষনাত এই বিজনেস শুরু করার ইচ্ছা ব্যক্ত করেন !

সেই 6-জন লোকের মধ্যে 3-জন নিষ্ক্রিয় হয়ে পড়েন আর এই বিজনেসের সাথে যুক্ত হওয়ার নির্ণয় নিতে পারেন না ! অবশিষ্ট 3-জন লোকের মধ্যে একজন উৎপাদন কেনেন, একজন আবার নিষ্ক্রিয় হয়ে পড়েন আর একজন সত্যিকারের ডিস্ট্রিব্যুটর / এ্যাসোসিয়েট হয়ে ওঠেন আর দীর্ঘ সময় পর্যন্ত আপনাদের সঙ্গ দেন !

অর্থাৎ 10-জন লোকের মধ্যে ঃ
একজন আপনাদের ডাউনলাইনে এসেছেন আর আপনাদের সাথে যুক্ত হয়েছেন !
একজন আপনাদের উৎপাদন কিনেছেন !

এই গড়পড়তার নিয়ম এটাও জানায় যে, যে ব্যক্তি যত বেশী লোকেদের সাথে মিলিত হন... যত বেশী লোকেদের সামনে নিজেদের প্ল্যান পেশ করেন – তিনি তত বেশী সফল হন ! আপনাদের সমস্ত মেহনত কেবলমাত্র

এই কাজে লাগে যে, আপনারা 10-জন লোককে প্ল্যান শোনার জন্য রাজী করাতে পারেন কি না ?

এই গড়পড়তার নিয়ম সঠিক কি না,
সেটার নির্ণয় মুষ্টিমেয় লোকেদের সাথে
বসে নিতে যাবেন না !
এমনও হতে পারে যে, শুরুতে আপনারা দীর্ঘ
সময় পর্যন্ত নেতিবাচক লোকেদের সাথেই মিলিত হবেন !
কম পক্ষে 200-জন লোককে প্ল্যান দেখানোর পরে
গড়পড়তা নিয়ম অনুসারে অধ্যয়ণ করে দেখুন যে,
আপনাদের সফলতার শতাংশ কত ?

◆——◆

আন্তরিকতা দ্বারা যুক্ত করুন !

আমরা যখনই কোন নতুন লোককে নিজেদের নেটওয়ার্ক বিজনেসের সুযোগের ব্যাপারে জানাই বা উৎপাদনের ব্যাপারে জানাই... তখনই আলোচনায় ভাবনার, সংবেদনার আর সম্পর্কেরও স্হান থাকা উচিত !

এক সাধারণ সেল্‌সম্যানের মত যান্ত্রিক আর টেক্‌নিক্যাল কথাবার্তির স্হানে সম্পর্ক গড়ে তুলে আগ্রহ আর গুণের ব্যাপারে কথাবার্তা হওয়া উচিত ! পরিবার আর চাকরীর কথাবার্তা হওয়া উচিত আর সেই সব বিষয় আসা উচিত... যেগুলোর সাথে ব্যক্তি আন্তরিকতার সাথে যুক্ত হন !

মনে রাখবেন ঃ

যদি আপনাদের সম্পর্ক ভালো হয়,
তাহলে আপনারা সাধারণ উৎপাদনও অত্যন্ত
ভালো ভাবে বিক্রী করতে পারবেন আর যদি
অন্যদের সাথে আপনাদের সম্পর্ক মধুর না
হয়, তাহলে ভালো উৎপাদন থাকা সত্ত্বেও
আপনারা ব্যর্থ হতে পারেন !

আপনারা যদি সততার সাথে, আত্মীয়তার সাথে, ধৈর্যের সাথে অন্যদের সাথে কথা বলেন... তাহলে অন্যরা আপনাদের অবশ্যই পছন্দ করতে লাগবেন ! আর ওনারা যখন আপনাদের পছন্দ করবেন... তখন তাঁরা আপনাদের সাথে যুক্ত সকল জিনিষকেই পছন্দ করতে লাগবেন !

আপনাদের দ্বারা করা ত্রুটিগুলোর ওপরেও ওনারা মনোযোগ দেবেন না... কারণ ওনারা তখন আপনাদের নিজেদের আপন বলে মনে করতে

লাগবেন! সুতরাং মেশিন নয়... মানুষ হয়ে উঠুন! টেক্‌নিক দ্বারা নয়... আন্তরিকতা দ্বারা যুক্ত করুন!

আমি এমন বেশ কিছু সফল নেটওয়ার্কারকে জানি, যাঁরা প্রথম কয়েকটা সাক্ষাৎকারে বিজনেসের কথা তোলেন না! যখন অন্যেরা তাঁদের মিত্র হয়ে ওঠেন... একমাত্র তখনই তাঁরা অন্যদের নিজেদের বিজনেসের সাথে যুক্ত করেন আর তাঁদের মাধ্যমে উৎপাদনও বিক্রী করেন! এমন লোকেদের জন্য নীচের লাইনগুলো অত্যন্ত উপযুক্ত হয় ঃ

এমনিতে তো প্রচুর লোক মিলিত হন...
আমরা তাঁদের ভালবাসি...
যাঁরা আন্তরিকতা দ্বারা মিলিত হন!

◆——◆

সুপারম্যান নয়, সাধারণ ব্যক্তি হয়ে যুক্ত করুন!

আমি কিছু লোকেদের দেখেছি... যাঁরা নেটওয়ার্ক মার্কেটিং-য়ে সফলতা প্রাপ্ত করামাত্র নিজেদের স্বভাব বদলে নিয়েছেন! এমনিতে তো এমনটা জীবনের সব ক্ষেত্রেই দেখতে পাওয়া যায়, লোকেরা সফলতার অহংকারে ভরে উঠে লোকেদের সাথে অস্বাভাবিক ব্যবহার করতে থাকেন!

কিন্তু নেটওয়ার্ক মার্কেটিং এক আলাদা প্রকারের ববসায়িক প্রণালী হয়! এটা হচ্ছে লোকেদের হৃদয়ের বিজনেস! আপনারা যদি নিজেদের ডাউনলাইন আর আপলাইনের সাথে ভালোমতন ব্যবহার না করেন, আপনারা যদি নতুন লোকেদের সাথে ভালো ব্যবহার না করেন... তাহলে আপনাদের ব্যবসা চৌপাট হয়ে পড়তে পারে!

কিছু সফল নেটওয়ার্করি সুপারম্যানের মত ব্যবহার করতে শুরু করেন! ওনারা নিজেদের উপার্জনে যে দামী জিনিষ কিনেছেন, সেটার প্রদর্শন করতে থাকেন! কখনো জেনে-শুনে, তো কখনো নিজেদের অজান্তে তাঁরা অন্যদের এমন অনুভব করানোর চেষ্টা করতে থাকেন যে, তাঁরা তাঁর তুলনায় অনেকটাই ছোট! তাঁরা মূলভূত সিদ্ধান্ত ভুলে গিয়ে কেবলমাত্র ভৌতিকতা দ্বারা লোকেদের প্রভাবিত করার চেষ্টা করতে থাকেন!

তাঁরা নিজেদের সাধারণ লোকেদের থেকে উঁচু মনে করে শূন্যে উড়তে লাগেন! দামী মোবাইল ফোন, বিদেশ যাত্রা, শপিং, ফাইভ স্টার হোটেলে থাকা, হাওয়াই সফর – এই সব কিছুই এমন লোকেদের বার্তালাপের বিষয়বস্তু হয়! ধীরে-ধীরে লোকেরা তাঁদের এড়িয়ে চলতে শুরু করেন! যোগের পরিবর্তে বিয়োগ হতে থাকে!

যেসব নেটওয়ার্কাররা ভালো উপার্জন প্রাপ্ত করছেন,
তাঁদের সকলের প্রতি আমার পরামর্শ হচ্ছ
এই যে, ভালো সুবিধার উপযোগ করুন,
জীবনের ভরপুর আনন্দ ওঠান... কিন্তু
নিজের সাথীদের সাথে সাধারণই হয়ে থাকুন !
নিজের লোকেদের মধ্যে আপনত্ব বজায়
রাখুন, তাঁদের দুঃখ-কষ্ট বোঝার
চেষ্টা করুন !

সাধারণ লোকেরা যখন এটা দেখবেন যে, আপনারাও একদিন তাঁদের মতই ছিলেন... কিন্তু এই বিজনেস আপনাদেরকে নিজেদের স্বপ্ন সাকার করে তোলার সুযোগ প্রদান করেছে ! তখন তাঁরাও আপনাদের পদচিহ্ন অনুসরণ করে আপনাদের সাথে যুক্ত হতে চাইবেন !

◆——◆

কম কথা বলুন, মৌনতার শক্তি চিনে নিন!

প্রায়ই আমরা নিজেদের সাথে নতুন লোকেদের যুক্ত করে তাঁদের সাথে বিজনেসের ব্যাপারে আলোচনা করি... নিজের ব্যাপারে কথা বলি আর অন্য সফল লোকেদের ব্যাপারে কথা বলি!

আমাদের মস্তিষ্কের অসংখ্য বিচার আর অভিজ্ঞতা, সব কিছু আমরা এক সাথে সামনের ব্যক্তি *(প্রসপেক্ট)*-য়ের মস্তিষ্কে ভরে দিতে চাই! আমরা নিজেদের অদ্ভুত বক্তৃতা কলার প্রদর্শন করে সামনের ব্যক্তির মন জয় করে নেওয়ার চেষ্টা করি আর তাঁকে নিজেদের বিজনেসে আসার জন্য রাজী করানোর চেষ্টা করি!

পরিণাম একেবারে উল্টোটা হয়! এতে সামনের ব্যক্তির সংকোচ আরও বেড়ে ওঠে আর তিনি আমাদেরকে এড়িয়ে চলতে শুরু করে দেন! আমাদের বক্তৃতা কলার চাপে উনি *‘না’* তো বলতে পারেন না... কিন্তু আমাদের কবল থেকে পালানোর চেষ্টা অবশ্যই করতে থাকেন! ভবিষ্যতে তিনি আমাদের ফোন ওঠান না আর আমাদের থেকে একটা নির্দিষ্ট দূরত্ব সর্বদা বজায় রাখতে শুরু করেন!

আমার ব্যক্তিগত অভিজ্ঞতা এমনটা বলে যে, আপনারা যখনই কাউকে নিজেদের সাথে যুক্ত করতে যাবেন... তখন আপনারা কম কথা বলুন আর সামনের ব্যক্তিকে বেশী কথা বলতে দিন! আপনারা কেবল মাঝে-মাঝে ছোট-ছোট প্রশ্ন করে চলুন... যাতে ওনাকে লম্বা উত্তর দিতে হয়!

ধীরে-ধীরে ওনার সংকোচ দূর হয়ে পড়বে... ওনার ভেতরের বিরোধী বিচারধারা শব্দে ব্যক্ত হয়ে পড়বে। আপনাদের কেবলমাত্র দীর্ঘ সময় পর্যন্ত ধৈর্য্য বজায় রাখতে হবে! কিছুক্ষন পরে সেই ব্যক্তি বিচারশূন্য হয়ে পড়বেন আর আপনাদের কথা মনোযোগ সহকারে শুনতে থাকবেন!

বিশ্বাস করুন, যদি সেই ব্যক্তি আপনাদের সাথে যুক্ত না-ও হন... তবুও উনি আপনাদের থেকে একটা উৎপাদন অবশ্যই কিনবেন! আর কিনবেন না-ই বা কেন... আপনারা এতক্ষন ধরে ধৈর্য্য ধরে ওনার কথা যে শুনেছেন!

কম কথা বলা ব্যক্তিকে বুদ্ধিমান মনে করা হয়...
কারণ অন্য লোকেরা এটা জানতেই পারেন না
যে, তাঁর মানসিক স্তর ঠিক কেমন?
বেশী কথা বলা ব্যক্তি নিজের সমস্ত
রহস্য অন্যদের সামনে খুলে ধরেন আর পরে
তাঁকে লোকসান ওঠাতে হয়!

কম কথা বলা আর মাঝে-মাঝে মৌন হয়ে থাকাটা এক ভালো শ্রোতার লক্ষ্মণ হয় আর আমি আপনাদের এমনটা অত্যন্ত দৃঢ়তার সাথে বলতে পারি যে, এই বিজনেসে ভালো বক্তার আগে ভালো শ্রোতারা বিজয়ী হন!

32

উৎপাদন দ্বারা যুক্ত করুন !

এমনিতে তো প্রথমে ব্যক্তি নেটওয়ার্ক মার্কেটিং-য়ের সাথে যুক্ত হন আর তারপর উৎপাদন বিক্রী হয়... কিন্তু কিছু-কিছু মামলায় এর উল্টোটাও হয় !

আমার এক পরিচিত সর্বদা এক বিশেষ নেটওয়ার্ক কোম্পানীর ল্যাপটপ উপযোগ করেন। ওনাকে সেই কোম্পানীর ল্যাপটপ ব্যবহার করতে দেখে অন্য লোকেদেরও সেই উৎপাদনের ওপরে ভরসা হয়ে পড়ে আর আবশ্যকতা পড়লে তাঁরাও সেই কোম্পানীর ল্যাপটপই কেনেন ! ল্যাপটপ উপযোগ করতে-করতে অধিকাংশ লোক সেই নেটওয়ার্ক কোম্পানীর ডিস্ট্রিব্যুটর হয়ে পড়েন !

আমি প্রায়ই এক নেটওয়ার্ক কোম্পানীর সেমিনার করি... যেখানে অধিকাংশ লোক নিজেদেরই কোম্পানী দ্বারা প্রদান করা বীমা পলিসি নেন ! অন্য লোকেরাও তাঁদের দেখাদেখি নিজেদেরও বীমা করান আর তাঁরা ধীরে-ধীরে সেই কোম্পানীর অংশ হয়ে ওঠেন !

আমার এক প্রতিবেশী নিজের মারুতি গাড়ীকে এক বিশেষ নেটওয়ার্ক উৎপাদন দিয়ে পরিস্কার করেন। ওনার চমকাতে থাকা গাড়ী দেখে কেউ যখন প্রশ্ন করেন... তখন উনি তৎক্ষনাত নিজের উৎপাদন এগিয়ে ধরেন। ধীরে-ধীরে আমাদের পুরো এলাকায় সেই উৎপাদন ছেয়ে গেছে !

আমাদের এক প্রভাবশালী পারিবারিক মিত্র সর্বদাই এক বিশেষ নেটওয়ার্ক কোম্পানীর ডিনার সেট ব্যবহার করেন ! ওনার পত্নী ব্যঞ্জন এক বিশেষ পদ্ধতিতে সাজিয়ে যখন অতিথিদের পরিবেশন করেন... তখন অতিথিরা ব্যঞ্জনের সাথে-সাথে সেই ডিনার সেটেরও প্রশংসা অবশ্যই করেন ! দেখতে-দেখতে সেই ডিনার সেটের প্রচার হয়ে পড়ে। অনেকে তো

তৎক্ষনাত ডিনার সেটের অর্ডারও দিয়ে দেন!

আরও একজন ব্যক্তি সর্বদা এক বিশেষ নেটওয়ার্ক কোম্পানীর মোজা পায়ে দেন... সেই কোম্পানীর পোশাক পরেন... মাথায় সেই কোম্পানীর টুপী পরেন আর সেই কোম্পানীর গদী বিছানায় পেতে রাখেন! অন্য লোকেরা যখনই ওনার স্বাস্থ্যের ব্যাপারে কথা বলেন... উনি তখনই সেই কোম্পানীর স্বাস্থ্য উৎপাদনের ব্যাপারে জানান! উনি অন্যদের যখন অসুস্থ হয়ে পড়তে দেখেন... তৎক্ষনাত সেই কোম্পানীর উৎপাদন ব্যবহার করার পরামর্শ দেন! ধীরে-ধীরে সেই কোম্পানীর উৎপাদনের বিক্রী অত্যন্ত বেড়ে উঠল আর যাঁরই লাভ হল... তিনিই সেই কোম্পানীর প্রচারক হয়ে উঠলেন!

আমার বক্তব্যের তাৎপর্য হচ্ছে এই যে,
যতক্ষন না আপনারা নিজেদের উৎপাদনের উপযোগ
করছেন... ততক্ষন আপনারা পূর্ণ আত্মবিশ্বাসের
সাথে অন্যদের পরামর্শ দিতে পারবেন না!
আপনাদের উৎপাদনের উপযোগ করতে দেখে
অন্যদেরও সেই উৎপাদনের ওপরে ভরসা হয়ে
পড়বে আর তাঁরাও আপনাদের সাথে
যুক্ত হয়ে পড়বেন!

33

100% বৈধ উপার্জন !

“ব্ল্যাক মানি” আর “হোয়াইট মানি” – এই দুটি শব্দই হয়তো ফায়নান্স ক্ষেত্রে সব থেকে বেশী উপযোগ করা শব্দ ! আজ লোকেরা বিভিন্ন মাধ্যমে প্রচুর অর্থ উপার্জন করেন... কিন্তু ইন্কাম ট্যাক্সের আতংক প্রতিটি ব্যক্তিরই মন-মস্তিষ্কে ছেয়ে থাকে ! আমরা যথেষ্ট অর্থ উপার্জন করেও বড় বাংলো আর দামী গাড়ী রাখতে পারি না ! আমাদের ক্রেডিট কার্ড থেকে শুরু করে টেলিফোনের বিল – সব কিছুর ওপরেই ইন্কাম ট্যাক্স বিভাগের কড়া দৃষ্টি থাকে !

এমন অবস্হায় নেটওয়ার্ক মার্কেটিং এক সুখকর ঠাণ্ডা হাওয়ার মত হয় ! সত্যি কথা বলতে গেলে আসল দেশভক্ত নেটওয়ার্কাররাই হন... কারণ তাঁরা কোন প্রকারের চালাকি না করে, সততার সাথে নিজেদের উপার্জনের একটা অংশ দেশের বিকাশের জন্য অর্পিত করে দেন ! আপনাদের উপার্জনের 100% “হোয়াইট মানি”-র রূপে আপনাদের কাছে এসে পৌঁছয়... যেটার উপযোগ আপনারা যেমন খুশী করতে পারেন !

একজন নেটওয়ার্কারের কখনো ঘুষ দেওয়ার, বেনামে প্রপার্টি কেনার আর ব্যাঙ্কে ভূয়া নামে এ্যাকাউন্ট খোলার প্রয়োজন হয় না !

আমরা যদি সৎ পথে উপার্জন করতে থাকা লোকেদের নিজেদের সাথে যুক্ত করে জীবনের এই পক্ষকে সামনে রাখি... তাহলে সেটা অনেক লোকেদের আকৃষ্ট করে তোলে !

লোকেরা ঝংঝাট-ঝামেলা, উকিলের চেম্বারের চক্কর কাটা আর কোর্ট-কাছারী থেকে মুক্ত জীবন কাটাতে চান আর এই পক্ষ তাঁদের “ইন্কাম ট্যাক্সের ভয়” থেকেও মুক্তি প্রদান করে !

নেটওয়ার্ক সতর্কবাণী

আপনারা যদি অন্যদের মুখে "না" শুনে নিরুৎসাহিত হয়ে ওঠেন বা আপনাদের স্বাভিমানে যদি আঘাত লাগে... তাহলে আপনাদের নিজেদের স্বভাব বদলাতে হবে... অন্যথা আপনারা এই বিজনেসে ব্যর্থ হয়ে পড়বেন !

এই প্রণালীতে এটাও সম্ভব হতে পারে যে, আপনারা 100-জন লোকেদের সাথে মিলিত হলেন আর 101-জন লোক আপনাদের নেতিবাচক উত্তর দিলেন ! 100-জন লোক হচ্ছেন তাঁরা... যাঁদের থেকে আপনারা সময় নিয়েছিলেন আর একজন হচ্ছেন তিনি... যিনি অন্য কারো সাথে এসেছিলেন আর এক কোণায় বসেছিলেন !

34

প্রতিটি প্ল্যানই আলাদা !

এই দুনিয়ায় প্রতিটি ব্যক্তিই আলাদা হন! সকলের স্বভাব, আচার আর বিচার আলাদা হয়... তাহলে এই সব আলাদা-আলাদা লোকেদের যুক্ত করার প্ল্যান কি করে এক হতে পারে ?

মূল ব্যাপারটা সেটাই থাকবে... ডাটাও সেই একই থাকবে... নিয়ম-কানুনও একই থাকবে – কিন্তু পেশ করার পদ্ধতি বদলে যাবে ! কোন ধনী ব্যক্তির সামনে প্ল্যান পেশ করার সময় উপার্জন প্রাথমিকতা হিসেবে থাকবে না... কোন বেকার ব্যক্তিকে প্ল্যান দেখানোর সময় সময়ের স্বাধীনতা প্রাথমিকতার রূপে থাকবে না ! যেমন-যেমন ব্যক্তি বদলে যায়... তাঁদের আবশ্যকতা অনুসারে প্ল্যান পেশ করার পদ্ধতিও বদলে যায় ! এর জন্য আমাদের প্রস্পেক্টের আবশ্যকতা আর তাঁর স্বভাবেরও অধ্যয়ণ করা উচিত, যাতে ব্যর্থতার শতাংশ কম হতে পারে !

যদি সবাইকে যুক্ত করার জন্য আপনারা একই ধরণের যোজনা তৈরী করেন... তাহলে আপনাদের সেই যোজনা যতই জবরদস্ত হোক্ না কেন, আপনারা ব্যর্থ হয়ে পড়বেন ! যে ভাবে ডাক্তার প্রতিটি রোগের জন্য আলাদা-আলাদা ওষুধ প্রেস্ক্রাইব করেন, ওষুধ প্রেস্ক্রাইব করার সময় রোগীর বয়স, শারীরিক অবস্হা, রোগের গম্ভীরতা ইত্যাদির ওপরে দৃষ্টি রাখেন... ঠিক সেই প্রকার এক নেটওয়ার্কারিও প্রতিটি ব্যক্তির জন্য আলাদা-আলাদা শৈলী প্রস্তুত করেন ! প্ল্যান দেখানোর সময় তিনিও প্রস্পেক্টের বয়স, মানসিক আর শারীরিক অবস্হা, পরিস্হিতির গম্ভীরতা, আবশ্যকতা ইত্যাদির ওপরে দৃষ্টি রাখেন এবং সেই অনুসারে তথ্যগুলোকে ক্রমবদ্ধ রূপে সাজান !

কি হারাবেন, কি পাবেন ?

আমরা একে-অপরকে যুক্ত করে এই ব্যাপারে বিচার করি যে, এই প্রণালীর সাথে যুক্ত হওয়া ব্যক্তি শেষ পর্যন্ত কি হারাতে পারেন ?

আপনারা এটা জেনে অবাক হয়ে উঠবেন যে, হাজার খোঁজার পরেও এই প্রশ্নের কোন সদুত্তর পাওয়া যায় না ! আপনারা যে কিছুটা শুল্ক প্রদান করে এই প্রণালীর সাথে যুক্ত হন... সেটা উৎপাদনের রূপে আপনাদের কাছেই ফিরে আসে... প্রশিক্ষণের রূপে ফিরে আসে !

তাহলে আপনারা কি হারান ?

বোধহয় কিছুই নয় !

কিন্তু যদি পাওয়ার কথা বলেন, তাহলে হয়তো সেই সূচী বেশ কয়েক ঘণ্টার মধ্যে শেষ হবে না ! আর এই জিনিষটাই এই পুস্তকে সমাহিত হয়ে রয়েছে। আর্থিক স্বাধীনতা, সময়ের স্বাধীনতা, স্বপ্ন দেখার স্বাধীনতা, সম্মান, অন্যদের জীবন যাত্রার স্তরকে উন্নত করে তোলার সুযোগ এবং না জানি আরও কত কি !

যদি হারানো আর পাওয়ার বিবরণকে আপনারা ক্রমবদ্ধ করে নেন... তাহলে আমার দৃঢ় বিশ্বাস যে, নেটওয়ার্ক প্রণালী দুনিয়ার সর্বশ্রেষ্ঠ ব্যবসায়িক প্রণালীগুলোর সমকক্ষ হিসেবে প্রকাশ পাবে !

36

সেমিনার ইঞ্জিন হয়!

আপনারা কোন ব্যক্তিকে নিজেদের কোম্পানী, উৎপাদন এবং নেটওয়ার্ক প্রণালীর ব্যাপারে জানানো আর বোঝানোর পরেও যদি সেই ব্যক্তি অনির্ণয়ের অবস্থায় থাকেন, তাহলে তাঁকে সেমিনারে নিয়ে আসুন!

আপনারা যদি কোন ব্যক্তিকে এই প্রণালীর সাথে যুক্ত করতে চান... কিন্তু তাঁকে যদি আপনারা এই বিজনেসের সূক্ষ্মতার ব্যাপারে বোঝাতে না পারেন... তাহলে চিন্তা করবেন না, তাঁকে সেমিনারে নিয়ে আসুন! আপনাদের সাথে-সাথে যখন অসংখ্য অন্য ব্যক্তিরাও সেই একই কথা বলবেন... তখন প্রসপেক্ট অনির্ণয়ের অবস্থা থেকে বাইরে বেরিয়ে আসবেন আর আপনাদের "হ্যাঁ" জানিয়ে দেবেন!

সত্যি, নেটওয়ার্ক মার্কেটিং কোম্পানীর সেমিনার বড়ই অদ্ভূত হয়!

কোন প্রকারের ঈর্ষা ছাড়া প্রতিটি ব্যক্তি এখানে অন্যদের কৃতিত্বে হাততালি দেন! এখানে লোকেরা নিজেদের আপলাইনকে কাঁধে উঠিয়ে মঞ্চ পর্যন্ত নিয়ে আসেন আর উৎসব পালন করেন! এতটা খুশী বোধহয় লোকেরা নিজেদের পরিবারের কোন উৎসবেও ব্যক্ত করেন না! প্রতিটি ব্যক্তি ওপর-ওপর দেখতে তো অত্যন্ত সাধারণ লাগেন... কিন্তু তাঁদের এমন ভাবে স্বাগত জানানো হয়, যেন তাঁরা আমেরিকার রাষ্ট্রপতি!

যেসব নতুন লোক সেমিনারে আসেন... তাঁরা এই সব কিছু দেখে অভিভূত হয়ে ওঠেন! তাঁরা লোকেদের এমন সংক্রামক পাগলামির কবলে চলে আসেন আর বিশেষ ব্যাপার হচ্ছে এটা যে, এই সব সেমিনারে যে কেবলমাত্র শীর্ষস্থানীয় লোকেদেরই সম্মান জানানো হয়, তা নয়!

এক স্তর ওপরে ওঠা প্রতিটি ব্যক্তিকে এমন সেমিনারগুলোয় মঞ্চে ডেকে নিয়ে এসে সম্মান জানানো হয়!

সাধারণ লোকেরা যখন মঞ্চে উঠে নিজেদের আত্ম কাহিনী লোকেদের শোনান... তখন শ্রোতাদের ভেতর পর্যন্ত ঝংকৃত হয়ে ওঠে! সেই সব লোকেদের মুশকিল পরিস্থিতি আর কাঁপিয়ে দেওয়া কাহিনী শুনে অন্যদের কাছে নিজেদের সমস্যা অত্যন্ত তুচ্ছ বলে মনে হতে থাকে!

সাথে-সাথে একটা বিশ্বাসও মনের মধ্যে সৃষ্টি হয়ে পড়ে – "হ্যাঁ, আমরাও একদিন সকল বাধা পার করে নিজেদের লক্ষ্য প্রাপ্ত করব!"

এই সব সেমিনার আপনাদের ভেতরে আবার একবার উৎসাহ ভরে দেয়, যাতে আপনারা দ্বিগুণ উৎসাহে নিজেদের কাজে লেগে পড়তে পারেন!

আপনারা যদি সেমিনারে না যান... তাহলে এমনটা ধরে নিতে পারেন যে, আপনারা নিজের হাতেই নিজেদের প্রচণ্ড ক্ষতি করছেন! আপনারা যদি নতুন লোকেদের সেমিনারে না নিয়ে যান... তাহলে এমনটা ধরে নিতে পারেন যে, আপনারা উৎসাহী আর কর্মঠ লোকেদের নিজেদের সাথে যুক্ত করতে পারবেন না!

যদি নিজেদের সফলতার শতাংশ বাড়াতে হয়,
যদি নিজেদের সাথে-সাথে নিজেদের সাথীদের
মধ্যেও উৎসাহ ভরে তুলতে হয়,
যদি এক হারা বাজীকে জয়ে পরিবর্তিত
করে তুলতে হয়...
তাহলে প্রতিটি সেমিনারে অংশ নিন!

◆——◆

প্রেরণাত্মক অডিয়ো-ভিডিয়ো দ্বারা যুক্ত করুন !

আমি প্রায়ই লোকেদের চিঠি পাই... যাতে তাঁরা আমার অডিয়ো সিডি-র জন্য আমাকে ধন্যবাদ জানান ! প্রায়ই যখন কোন ব্যক্তি অনির্ণয়ের অবস্থায় থাকেন বা সেমিনারে আসার জন্য রাজী হন না... তখন তাঁরা সেই ব্যক্তিকে নেটওয়ার্ক মার্কেটিং-য়ের ওপরে আধারিত আমার সিডি দিয়ে দেন ! তাঁরা এমনটা মনে করেন যে, এই সিডি-র সহায়তায় তাঁরা বেশ কিছু নেতিবাচক নির্ণয়কে ইতিবাচক পরিণামে বদলাতে সক্ষম হয়েছেন !

তাঁরা এমনটা বলেন যে, তাঁরা প্রতি দিন আমার সিডি শোনেন আর নিজেদের মানসিক ব্যাটারীকে রিচার্জ করে নেন !

কেবলমাত্র আমার সিডি-ই নয়... আমি এমনটা বলি যে, দুনিয়ার যে কোন শ্রেষ্ঠ বিশেষজ্ঞের সিডি শুনুন... আপনারা নতুন পথ অবশ্যই খুঁজে পাবেন !

এই সব অডিয়ো আর ভিডিয়ো সিডি মনকে নাড়া দেয়... মনের ভেতরের ভাবনাকে স্পর্শ করে আর কখন যে বক্তার বিচারধারা শ্রোতার মনে প্রবেশ করে যায়, সেটা জানতেও পারা যায় না !

এক সাধারণ ব্যক্তি সাধারণতঃ এক দিনে 60 মিনিট ড্রাইভ করেন ! যদি প্রতি মাসের হিসেবে 1800 মিনিট জোড়া যায়... তাহলে এক বছরে 15 দিনের ড্রাইভিং হয় ! আমরা যদি প্রতি দিন গাড়ী চালানোর সময় নিজেদের গাড়ীর মিউজিক সিস্টেমে একটা করে জ্ঞানবর্ধক আর প্রেরণাত্মক সিডি চালাই... তাহলে এক বছরের অতিরিক্ত 15 দিন বাকী জীবনের দিশা বদলে দিতে পারে !

অডিয়ো সিডি নিজে শেখার আর অন্যদের শেখানোর এক অদ্ভূত

মাধ্যম হয়... নিজেদের সাথে অন্যদের যুক্ত করার আর এই প্রণালীতে জয়লাভ করার এক অদ্ভূত মাধ্যম হয়!

আপনারা যদি অডিয়ো সিডি-র শক্তি
দেখতে চান... তাহলে একান্তে যান!
ঘরের আলো কম করে দিন, শান্তচিত্ত
হয়ে বসুন, নিজেকে একাগ্রচিত্ত করে
তুলুন আর এই পুস্তকের সাথে দেওয়া
ফ্রী সিডি শুনুন!

আওয়াজের শক্তি কি জিনিষ হয় আর কোন হৃদয়ের অন্তঃস্হল থেকে বেরিয়ে আসা আওয়াজ কতটা গভীরতা পর্যন্ত প্রভাব বিস্তার করতে পারে... সেটা আপনারা তৎক্ষনাত জানতে পেরে যাবেন! এটা হচেছ লোকেদের নিজেদের সাথে যুক্ত করার সব থেকে শক্তিশালী মাধ্যম!

34

আপনাদের কাছে স্বপ্ন থাকলে আমরা আপনাদের আপন !

নেটওয়ার্ক মার্কেটিং-য়ের এক ওয়ার্কশপে এক অংশ গ্রহণকারী আমার সাথে এক বাহিনী ভাগ করে নিলেন ! উনি এমনটা বললেন যে, তিনি একজন নতুন ব্যক্তিকে নিজের সাথে যুক্ত করার জন্য সব রকমের চেষ্টা করেও ব্যর্থ হচ্ছিলেন। সেই ব্যক্তি নেতিবাচক ছিলেন না... কিন্তু তিনি ইতিবাচকও ছিলেন না !

শেষ পর্যন্ত সেই নেটওয়ার্কারি তাঁকে প্রশ্ন করলেন – "আপনার কি কোন স্বপ্ন আছে ?"

সেই ব্যক্তি উত্তর দিলেন – " হ্যাঁ... অবশ্যই আছে ! স্বপ্ন কার না থাকে ? আমার স্বপ্ন হচ্ছে এই যে, আমার দুই সন্তান অক্সফোর্ড ইউনিভার্সিটিতে পড়াশোনা করুক !"

নেটওয়ার্কার ঃ "আমার প্রশ্নে দয়া করে কিছু মনে করবেন না... আপনার উপার্জন থেকে প্রতি মাসে কত টাকা সঞ্চয় হয় ?"

ব্যক্তি ঃ "এই মাসে 6 হাজার টাকার মত !"

নেটওয়ার্কারি ঃ "আপনার কি মনে হয়, প্রতি মাসে 6 হাজার টাকার হিসেবে বছরে 72 হাজার টাকা সঞ্চয় করে আপনি নিজের এই স্বপ্নকে সাকার করে তুলতে পারবেন ? আপনার বাচ্চাদের 4 বছর পরে অক্সফোর্ড যেতে হবে আর সেই সময় আপনার হাতে থাকবে প্রায় 3 - 4 লক্ষ টাকার মত ! এই টাকায় একজন বাচ্চাকেও অক্সফোর্ডে ভর্তি করা সম্ভব নয় ! যদি এই 3 - 4 বছরে আপনার প্রোমোশনও হয়ে পড়ে আর মাইনেও বেড়ে ওঠে... তবুও সেটা অপর্যাপ্ত হবে !"

সেই ব্যক্তি এবার চিন্তায় পড়ে গেলেন... ওনার মুখে-চোখে চিন্তার ছাপ স্পষ্ট দেখতে পাওয়া যাচ্ছিল !

নেটওয়ার্কার ঃ "এই স্বপ্ন কি সত্যি আপনার স্বপ্ন ?"

সেই ব্যক্তি চুপ করে রইলেন !

নেটওয়ার্কার ঃ "যদি এই স্বপ্ন সত্যি আপনার হয় আর আপনার কাছে যদি নিজের এই স্বপ্নকে সাকার করে তোলার কোন পথ না থাকে... তাহলে আপনি আমার কথা শুনুন ! আপনার ভেতরে যদি স্বপ্ন সাকার করে তোলার নেশা থাকে... তাহলে এই প্রণালী অবশ্যই আপনার বাচ্চাদের অক্সফোর্ড পর্যন্ত পৌঁছে দিতে পারবে !"

এতটা শোনার পরেই সকল বাধা দূর হয়ে পড়ল আর সেই ব্যক্তি সেই নেটওয়ার্কারকে বুকে জড়িয়ে ধরলেন !

সত্যিই স্বপ্ন বড়ই অমূল্য হয়,
প্রায়ই আমাদের কাছে সেই স্বপ্নকে
সাকার করে তোলার পথ থাকে না...
এজন্য আমরা সেটার ব্যাপারে চিন্তা করতেও
চাই না ! কিন্তু স্বপ্ন না থাকলে এই
পৃথিবীতে একটাও আবিষ্কার হত না !
স্বপ্ন না থাকলে মানব সভ্যতা কখনো
এই পর্যন্ত এসে পৌঁছতে পারত না !

সত্যি, স্বপ্ন আছে বলেই আমাদের ভেতরে বেঁচে থাকার লালসা রয়েছে ! আপনারা যদি আন্তরিক ভাবে অন্য কোন ব্যক্তির ভালো চেয়ে তাঁকে তাঁর স্বপ্নের কথা মনে করিয়ে দেন... তাহলে তিনি আপনাদের প্রণালীর সাথে যুক্ত হওয়ার জন্য আতুর হয়ে উঠবেন ! এমনও হতে পারে যে, সেই নেটওয়ার্কারের মত সেই ব্যক্তি আপনাদেরও নিজের বুকে টেনে নেবেন !

নিজেদের বিচার
এখানে লিখুন

www.ujjwalpatni.com

নিজেদের বিচার
এখানে লিখুন

www.ujjwalpatni.com

জিতুন

আপনারা যদি এই বিজনেসের সাথে **"যুক্ত"**
হয়ে পড়েছেন, আপনারা যদি অন্যদের নিজেদের
সাথে **"যুক্ত"** করে নিয়েছেন,
তাহলে এই প্রণালীতে লাগাতার **"জেতা"**-র
সৈদ্ধান্তিক পদ্ধতি ডাঃ উজ্জ্বল পাটনীর থেকে জানুন !

39

লীডারদের কথা শুনুন!

আমি একটা কারণে নেটওয়ার্কিং প্রণালীকে অন্যান্য আর সব বিজনেসের থেকে অনেকটাই আলাদা হিসেবে দেখতে পাই! অন্য আর সকল বিজনেসে প্রতি দিন নতুন-নতুন পদ্ধতি আবিষ্কার করতে হয়... মার্কেটিং করতে হয়। নিজেকে অন্যদের থেকে আলাদা শ্রেণীতে দাঁড় করানোর জন্য মেহনত করতে হয়!

কিন্তু নেটওয়ার্ক মার্কেটিং-য়ে এর ঠিক উল্টোটা হয়! এখানে আপনারা যদি নতুন পদ্ধতি আবিষ্কার করেন... তাহলে আপনাদের ব্যর্থ হওয়ার সম্ভাবনা বেশী থাকবে! এমনটাও হতে পারে যে, আপনারা সারাটা বছর ধরে কঠোর মেহনত করে চললেন আর আপনারা তার পরিবর্তে কিছুই প্রাপ্ত করতে পারলেন না!

এক নেটওয়ার্কিং কোম্পানী যখন প্রথম বার ভারতে পা রেখেছিল... তখন তাদের কাছে মাত্র চারটি উৎপাদন ছিল! সেই সব উৎপাদনের উপযোগ করার পদ্ধতিও ভারতীয় মানসিকতার থেকে আলাদা ছিল! ভারতীয় মহিলারা ডিটারজেন্ট পাউডারের ফেনাকেই কাপড় পরিস্কার করার মাপদণ্ড হিসেবে মানতেন! যত বেশী ফেনা... কাপড় তত বেশী পরিস্কার! কিন্তু সেই কোম্পানীর ডিটারজেন্ট পাউডারে ফেনা হত না বললেই চলে! সেই সময় ডিস্ট্রিব্যুটর্সদের লোকেদের বোঝাতে যথেষ্ট মুশ্কিলের মুখোমুখি হতে হচ্ছিল! কিন্তু আমি একটা বিশেষ জিনিষ লক্ষ্য করেছিলাম যে, সেই কোম্পানীর মাত্র চারটি উৎপাদনেই ডিস্ট্রিব্যুটর্সরা অদ্ভূত বিজনেস করে চলেছিলেন! তাঁরা নতুন-নতুন লোকেদের নিজেদের সাথে যুক্ত করে চলেছিলেন আর ধীরে-ধীরে নিজেদের উৎপাদনও বিক্রী করে চলেছিলেন! তাঁরা অত্যন্ত স্মার্ট বা প্রভাবশালী ছিলেন না... কিন্তু সাধারণ লোক হওয়া সত্ত্বেও তাঁদের বিজনেস ক্রমশঃ বৃদ্ধি পাচ্ছিল!

অন্য দিকে এক অন্য স্মার্ট গ্রুপও ছিল... যাঁরা এমনটা মনে করতেন

যে, এই পদ্ধতি ভারতে চলবে না আর সেই গ্রুপ নিজেদের পদ্ধতি বার করছিলেন! বাইরে থেকে দেখে এমনটা মনে হত যে, দ্বিতীয় গ্রুপ শীঘ্রই সফলতা হাসিল করে নেবে!

অন্য দিকে তাঁদের প্রশিক্ষণ গ্রুপ তাঁদেরকে লাগাতার এই পরামর্শ দিয়ে আসছিল যে, প্রয়োগ করা বন্ধ করুন... নিজেদের পদ্ধতি বার করা বন্ধ করুন! সেই সব লোকেদের কথা শুনুন, যাঁরা এই বিজনেসে সফল হয়েছেন!

ধীরে-ধীরে দ্বিতীয় গ্রুপে সক্রিয় লোকেদের সংখ্যা কম আসতে লাগল... প্রণালীর প্রতি তাঁদের বিশ্বাস কমে আসতে লাগল! গ্রুপের মধ্যে বিরোধী কন্ঠস্বর শুনতে পাওয়া যেতে লাগল। অন্য দিকে প্রথম গ্রুপ ধীরে-ধীরে এগোচ্ছিল বটে... কিন্তু তাদের বৃদ্ধি ইতিবাচক ছিল! এই গ্রুপ সিস্টেমের পালন পূর্ণ রূপে করে চলেছিল! কিছু লোকেদের কাছে পরামর্শ লম্বা মনে হচ্ছিল বটে... কিন্তু তবুও সম্পূর্ণ সমর্পণের সাথে তাঁরা নিয়মের পথে চলেছিলেন!

এক বছর পরে পরিস্থিতি অত্যন্ত স্পষ্ট হয়ে উঠেছিল! প্রয়োগশীল গ্রুপ পুরোপুরি সাফ হয়ে পড়েছিল! গ্রুপের অধিকাংশ লোক বিজনেস ছেড়ে দিয়েছিলেন আর কেউ-কেউ নিজেদের এই বিজনেসে ব্যর্থ হিসেবে মেনে নিয়েছিলেন!

সৈদ্ধান্তিক গ্রুপ এতদিনে অত্যন্ত সুদৃঢ় হয়ে উঠেছিল আর সিস্টেমের প্রতি তাঁদের আস্হা আরও বেশী মজবুত হয়ে উঠেছিল! তাঁরা 100% সিদ্ধান্তের ওপরে চলছিলেন... নিজেদের লীডারের কথা মেনে চলছিলেন!

সেই গ্রুপে ব্যর্থ লোকেদের শতাংশ অত্যন্ত কম ছিল... কারণ তাঁরা নিজেদের সফল আপলাইনের দেখানো পথেই চলছিলেন! সাধারণ দর্শন লোকেরা বাজী জিতে নিয়েছিলেন আর তুলনাত্মক রূপে বুদ্ধিমান আর প্রভাবশালী লোকেরা হার মেনে নিয়েছিলেন!

ধীরে-ধীরে সবাই এটা বুঝতে পারলেন যে, নেটওয়ার্ক মার্কেটিং-য়ে নিত্য নতুন প্রয়োগ করে ব্যর্থ হওয়ার থেকে সফল লীডার আর প্রশিক্ষণ সিস্টেমের পদচিহ্ন অনুসরণ করে চলাটা অনেক ভালো! এটা নিশ্চিত যে, যে রাস্তায়, যে নিয়মের সাথে চলে অন্য লোকেরা সফলতা হাসিল করে নিয়েছেন... সেই রাস্তায় চললে আমাদের অন্ততঃ ব্যর্থ হতে হবে না!

40

সফল ব্যক্তিদের সঙ্গ বেছে নিন!

জীবনের এটা এক শিক্ষা হয় যে, আপনারা যদি সফল লোকেদের সাথে থাকেন... তাহলে আপনারা খুশী থাকবেন! ইতিবাচক লোকেদের সাথে থাকলে আপনাদের ভেতরেও ইতিবাচক চিন্তাধারার সৃষ্টি হবে আর সফল লোকেদের সাথে থাকলে আপনারাও সফলতার পথে এগিয়ে চলবেন!

দৈনন্দিন জীবনে, পারিবারিক জীবনে
এবং কার্যক্ষেত্রে যতটা সম্ভব অলস, সর্বদা
অভিযোগ জানাতে থাকা আর অজুহাত
দেখাতে থাকা লোকেদের থেকে
দূরে থাকুন! এই অভ্যাস এক বার
আপনাদের হয়ে পড়লে
এগুলোর থেকে মুক্তি পাওয়াটা
অত্যন্ত মুশ্কিল হয়!

এমন লোকেরা সর্বদাই নিজেদের ব্যর্থতার দায়ভার অন্য কোন ব্যক্তির ওপরে চাপিয়ে দেন! এমন লোকেদের আপনারা সর্বদাই সমাজ আর সিস্টেমের নিন্দা করতে দেখতে পাবেন!

এর ঠিক বিপরীত, সফল লোকেরা আপনাদেরও সফলতার পথে ট্রেনে নিয়ে যাবেন... কারণ তাঁরা সর্বদা নতুন-নতুন যোজনা তৈরী করতে থাকেন। এমন লোকেদের আপনারা সর্বদাই জীবনের প্রতি আশা আর এনার্জীতে ভরপুর দেখতে পাবেন!

নিজেদের বন্ধুদের গ্রুপের ব্যাপারে এক-এক করে চিন্তা করুন!

এমন কে আছে... যে সব কাজের আগেই
বাধা দেওয়ার চেষ্টা করে !
এমন কে আছে... যে সর্বদা ভয়ের সৃষ্টি করে !
এমন কে আছে... যে এগিয়ে এসে কাজকে
চ্যালেঞ্জের রূপে গ্রহণ করে !
এমন লোকেদের সাথে কাটানো ঘন্টাগুলোরও
আপনাদের সফলতা আর ব্যর্থতার সাথে
প্রত্যক্ষ সম্পর্ক থাকে !
ব্যর্থ লোকেদের সাথে বেশী সময় কাটান
আর ব্যর্থতার গ্যারান্টী প্রাপ্ত করুন !

আপনারা যদি জীবনে নিজেদের ইচ্ছা পূরণ করতে চান... তাহলে এগিয়ে এসে সফল লোকেদের সাথে বন্ধুত্ব স্হাপন করে নিন... তাঁদের সাথে নিজেদের প্ল্যান ভাগ করে নিন ! তাঁদের কথা শুনুন... তারপর দেখুন, আপনাদের বিজনেস কেমন ভাবে উন্নতির পথে তরতর করে এগিয়ে চলে আর আপনারা যদি জীবনে ব্যর্থ হতে চান... তাহলে সর্বদা প্রশ্ন করতে থাকা নেতিবাচক লোকেদের সঙ্গ বেছে নিন !

নেটওয়ার্ক সতর্কবাণী

বেশী কমিশন দিতে থাকা,
বেশী লোভনীয় কথা বলতে থাকা
কোম্পানীর থেকে দূরে থাকুন !
নেটওয়ার্ক মার্কেটিং প্রণালীতে
প্রচুর অ-সৈদ্ধান্তিক এবং
জালি কোম্পানীও রয়েছে !

41

সমস্যা নয়, সমাধান হোন্‌!

ঈশ্বর এটা নির্দিষ্ট করেন যে,
আমরা কেমন পরিস্থিতির ভেতর দিয়ে যাব !
আমরা এটা ঠিক করি যে,
আমরা সেই পরিস্থিতির মোকাবিলা
কি করে করব !

আপনারা পুরো দুনিয়া খুঁজে দেখুন... আপনারা এমন কোন ব্যক্তির সন্ধান পাবেন না, যাঁর জীবনে কোন সমস্যা নেই ! পারিবারিক, সামাজিক, শারীরিক, আর্থিক – কোন-না-কোন সমস্যা আমাদের সকলের জীবনেই রয়েছে !

মুখ্য ব্যাপার হচ্ছে এটা নয় যে, আমাদের জীবনে সমস্যা আছে কি না... মুখ্য ব্যাপার হচ্ছে এটা যে, আমরা সেই সব সমস্যার মোকাবিলা কি ভাবে করি ? আমরা বেশীর ভাগ সময় সমস্যার ওপরে ভাবনা-চিন্তা করতে খরচ করছি, না সেটার সমাধানের ওপরে ! আমরা সমস্যা নিয়ে রাত-দিন ভাবনা-চিন্তা করে নিজেদের চিন্তাকে আরও বাড়িয়ে তুলছি, না কি সাহসের সাথে সমস্যাকে স্বীকার করে নিয়ে সেটার মোকাবিলা করতে প্রস্তুত হচ্ছি !

আমাদের এটা নিশ্চিত করে নিতে হবে যে,
আমরা সমস্যার অংশ... না সমাধানের ? !

রবার্ট মুলারের 'পসিবিলিটি সার্চিং প্রিন্সিপল' (সমাধান / সম্ভাবনা খোঁজার সিদ্ধান্ত) আমার অত্যন্ত প্রিয় লাগে ! উনি এমনটা মনে করেন যে,

এই সংসারে এমন কোন বিষমতা বা মুশ্কিল হয় না... যার কোন সমাধান নেই! প্রতিটি সমস্যার মধ্যে কোন-না-কোন সমাধানের রাস্তা অবশ্যই লুকিয়ে থাকে! হ্যাঁ... এটা হতে পারে যে, কখনো সেই রাস্তা তৎক্ষনাত খুঁজে পাওয়া যায়, আবার কখনো সেটা খুঁজে পেতে কিছুটা সময় লাগতে পারে!

আমার এক অত্যন্ত প্রিয় মিত্র হচ্ছেন শ্রী রাজ নায়েক! ওনার সিদ্ধান্ত হচ্ছে এই যে, যখনই কেউ কোন সমস্যা নিয়ে ওনার কাছে পৌঁছয়... উনি প্রথমে সমস্যার ব্যাপারে বিস্তারিত ভাবে সব কিছু শুনে নেন... কিন্তু দ্বিতীয় বার আর সেটা শোনেন না! সমস্যায় পড়া ব্যক্তি যদি আবার একবার সেই সমস্যার ওপরে ভাবনা-চিন্তা করেন... তাহলে উনি সেই ব্যক্তিকে বাধা দিয়ে তাঁকে কেবল সমাধান খুঁজে বার করার জন্য বলেন! ধীরে-ধীরে এই অভ্যাস ওনার কর্মচারীদের মধ্যেও এসে পড়েছে! তাঁরাও এখন সমস্যার পেছনে সময় নষ্ট করার পরিবর্তে সমাধান খোঁজার কাজে বেশী সময়ের উপযোগ করতে লেগেছেন!

'লীডারশিপ আনলিমিটেড' ওয়ার্কশপে আমরা অংশ গ্রহণকারীদের নিজেদের সমস্যার ব্যাপারে লেখার জন্য বলে থাকি! শীর্ষক হয় ঃ *'আপনাদের জীবনের পাঁচ গুরুত্বপূর্ণ সমস্যা!'* প্রতিটি সমস্যা তাঁদের 100 শব্দের মধ্যে লিখতে বলা হয়... কারণ আমরা সমস্যার পেছনে বেশী সময় নষ্ট করে সেটাকে আরও বড় করে তুলতে চাই না!

কিছুক্ষন পর্যন্ত *'সমস্যা দ্বারা সমাধান'* বিষয়ের ওপরে সাধারণ আলোচনা হয়! তারপর আমরা আবার একবার অংশ গ্রহণকারীদের প্রতিটি সমস্যার পাঁচ সম্ভাব্য সমাধান লেখার জন্য বলি! তাঁদের এমন নির্দেশ দেওয়া হয় যে, তাঁরা যেন সমস্যার সমাধান খোঁজার সময় নিজেদের ভেতরে নেতিবাচক চিন্তাধারা না রাখেন! আগে থেকেই ভালো সমাধান বা খারাপ সমাধান ইত্যাদি শ্রেণী তৈরী না করেন! নিজের ধারণাকে এক পাশে সরিয়ে রেখে তাঁদেরকে পাঁচ সমাধান লেখার জন্য বলা হয়! অংশ গ্রহণকারীরা প্রায়ই এমনটা বলেন যে, তাঁরা সমাধান খুঁজে পাচ্ছেন না বা এই সমস্যার সমাধান হতে পারে না... কিন্তু আমরা তাঁদের চাপপূর্ণ পদ্ধতি দ্বারা প্রেরিত করে তুলি! সমাধান খোঁজা ছাড়া আমরা তাঁদের অন্য কোন উত্তর মেনে নিতে অস্বীকার করে দিই! আমার ব্যক্তিগত অভিজ্ঞতা হচ্ছ যে, সমাধান ঠিকই বেরিয়ে আসে!

ধীরে-ধীরে আশ্চর্যজনক রূপে চিন্তাধারার প্রাচীর ভেঙে পড়ে... কিছুক্ষন আগে পর্যন্ত যেসব লোকেদের কাছে কোন সমাধান ছিল না... তাঁরাও এখন সমাধানের হাল্কা কিরণ দেখতে পান! আর আরও কিছুক্ষন পরে,

কিছু লোকেদের কাছে এক দুর্বল সমাধান এসে পড়ে। ওয়ার্কশপ শেষ হতে-হতে প্রতিটি ব্যক্তির কাছে দুর্বল, ভালো আর অত্যন্ত ভালো সমাধানের সূচী প্রস্তুত হয়ে পড়ে!

আমি অত্যন্ত বিশ্বাসের সাথে এমনটা বলতে পারি যে, আপনাদের ব্যক্তিগত সমস্যার জন্য বাইরে থেকে কোন প্রেরক বা সমাধান বিশেষজ্ঞ এসে জাদু-সমাধান প্রদান করতে পারবেন না! সমাধান আপনাদের ভেতরেই লুকিয়ে রয়েছে... সেই সমাধানকে আপনাদেরই ভাবনা আর ধারণা বাইরে বেরিয়ে আসতে বাধা দিচ্ছে! সেই প্রেরক আপনাদের রাস্তা দেখাতে পারে আর আপনাদের নাড়া দিতে পারে... কিন্তু সমাধান খোঁজার জন্য আপনাদের সবার আগে এগিয়ে আসতে হবে!

আপনারা নিজেদের ধারণাকে, ক্ষণিক ভাবনাকে, যদি-কিন্তুকে নিজেদের মস্তিষ্ক থেকে বাইরে বার করে দিন। তৎক্ষনাত আপনাদের সমস্যার মেঘ কেটে যেতে শুরু করবে!

নেটওয়ার্ক মার্কেটিং-ও কোন সমস্যাবিহীন বিজনেস নয়! লোকেরা একে জালি বিজনেস হিসেবে মানেন... এর মধ্যে গোলমাল খোঁজেন! কিছু নিম্ন শ্রেণীর কোম্পানী এই বিজনেসের ইমেজ খারাপ করে তুলছে! লোকেরা দ্রুত হার মেনে নেন, নেতিবাচক জবাব শোনার সাহস তাঁদের মধ্যে থাকে না – এমন হাজারো সমস্যা এই বিজনেসে রয়েছে!

কিন্তু আনন্দের কথা হচ্ছে এটা যে, প্রতিটি সমস্যারই সমাধান থাকে! এই সব সমস্যা হচ্ছে এমন সমস্যা... যেগুলো আপনাদের আগেও আরও অনেক লোকেদের জীবনে এসেছে! এমন প্রচুর লোক আছেন... যাঁরা এই সব সমস্যার ওপরে বিজয় প্রাপ্ত করে নিয়েছেন আর সেই সব লোকেরা আপনাদের থেকে মাত্র কয়েক পদক্ষেপ দূরে রয়েছেন! আপনারা এখুনি তাঁদের সেমিনারে যান... তাঁদের অটো বায়োগ্রাফী পড়ুন... তাঁদের লেখা পুস্তক পড়ুন, সিডি শুনুন – আপনারা নিজেদের সমস্যার এত ভালো সমাধান খুঁজে পাবেন যে, আপনাদের সকল চিন্তা তৎক্ষনাত দূর হয়ে পড়বে!

আজ আর এখুনি এটা নিশ্চিত করে নিন যে,
আপনারা সমস্যার অংশ... না সমাধানের?!

অসফলতা বলে আয় + সফলতা!

কিছুদিন আগে আমি মালয়েশিয়ার এক লেখকের লেখা এক পুস্তক পড়ছিলাম! সেই লেখক এমনটা মনে করেন যে, সফলতাকে অত্যন্ত গুরুত্বপূর্ণ বানিয়ে দেওয়া হয়েছে আর লোকেরা এখন ব্যর্থ হওয়াকে ভয় পেতে লেগেছে... যখন কি ব্যর্থতা সফলতার পথেরই এক মাঝের জায়গা হয়! আমাদের লোকেদের লাগাতার ব্যর্থ হওয়া শেখানো উচিত... সফলতা আপনা থেকে এসে উপস্থিত হবে! ব্যর্থ হওয়ার পরে লোকেদের এমনটা মনে হতে থাকে, যেন সব কিছু শেষ হয়ে পড়েছে! আমাদের ব্যর্থতা আর সফলতাকে সাধারণ জীবনের অংশ করে তুলতে হবে!

ওনার এই বক্তব্য আমার মনে ধরেছিল... সত্যিই সফলতার যেন এক আতংকের সৃষ্টি হয়ে পড়েছে! আমরা সফল লোকেদের দেখে তাঁদের মত খ্যাতি, সমৃদ্ধি আর উপার্জন তো কামনা করি... কিন্তু সেই পর্যন্ত পৌঁছনোর সফর তাঁরা কি ভাবে পার করেছেন, সেটা কিন্তু আমরা জানতে চাই না!

আমরা খুঁজলে এমন কোন সাঁতারুর দেখা পাব না, যিনি একবারে সাঁতার কাটা শিখে নিয়েছেন... যাঁর নাকে-মুখে কখনো জল ঢোকেনি! আমরা এমন কোন সাইক্লিস্টের সন্ধান পাব না, যিনি সাইকেল চালানো শেখার সময় একবারও সাইকেল থেকে মাটিতে পড়ে যাননি! পড়া, ওঠা আর চলা – এটাই তো হচ্ছে জীবনের মূল মন্ত্র! আমরা পড়ে যাওয়ার পরে শক্তি সঞ্চয় করে আবার একবার উঠে দাঁড়ানোর পরিবর্তে পড়ে যাওয়াকেই ভয় পেতে শুরু করেছি!

আমরা ব্যর্থ হওয়াকে ভয় কেন পাই... আমরা ব্যর্থতাকেও সম্মানের সাথে স্বীকার কেন করে নিই না, যেমনটা আমরা সফলতাকে করি!

আপনারা যদি মেহনত না করার কারণে ব্যর্থ হয়ে ওঠেন, তাহলে আপনাদের লজ্জিত হওয়া উচিত... কিন্তু আপনারা যদি মেহনত করে থাকেন, তাহলে আপনাদের ভয় পাওয়ার কিছু নেই! আপনারা ব্যর্থ নন... আপনাদের কেবলমাত্র আরও কিছু জিনিষ শেখা বাকী রয়ে গেছে! সেগুলো শিখে নিন... তারপর নতুন করে প্রচেষ্টা চালান!

ব্যর্থতার থেকে বড় শিক্ষক আর কিছুই হয় না! অসফলতা *(ব্যর্থতা)*-র সন্ধি বিচ্ছেদও এমনটাই বলে ঃ-

অসফলতা = আয় + সফলতা

সফলতাকে আমন্ত্রণ জানাতে হলে হাতের ওপরে হাত রেখে বসে থাকার পরিবর্তে প্রচেষ্টা করা শুরু করে দেওয়া উচিত! অধিকাংশ ক্ষেত্রে ব্যর্থ হওয়ার অর্থ এটাই হয় যে, ব্যক্তি সফলতা প্রাপ্তির জন্য প্রচেষ্টারত হয়ে ছিলেন!

আমাদের মহানতম সফলতা কখনো না পড়ার মধ্যে নেই...
বরং পড়ার পরে আবার উঠে দাঁড়ানোর মধ্যে রয়েছে!

দুর্বলতা থাকলে কি আসে যায় !

আমার প্রিয় সেমিনার – প্রভাবশালী ভাষণ এবং বার্তালাপের আর্ট! প্রতি বার এই সেমিনারে অংশ গ্রহণকারীদের থেকে আমার অদ্ভূত এক অভিজ্ঞতা প্রাপ্ত হয়!

সেমিনার শুরু হওয়ার কয়েক ঘন্টা পরে লোকেদের মন থেকে ইগো, সংকোচ আর ভয় দূরে সরে যায় এবং তাঁরা নিজেদের দুর্বলতা আর গুণের ওপরে আলোচনা করতে শুরু করে দেন! কিছু-কিছু লোকেরা ভালো ইংরাজী না বলতে পারার কারণে সংকোচ অনুভব করেন... কেউ-কেউ ভীড়কে ভয় পান... কেউ-কেউ আবার মঞ্চে উঠে কিছু বলতেই ভুলে যান... কিছু লোক নিজেদের শারীরিক গঠন আর গায়ের রং নিয়ে প্রচণ্ড চিন্তিত হয়ে ওঠেন... আবার কেউ-কেউ নিজেদের অল্প শিক্ষার কারণে ভেতরে-ভেতরে হীণ ভাবনার শিকার হয়ে ওঠেন! সারাংশ হচ্ছে এই যে, সকলেরই নিজের-নিজের ভয় থাকে। সেমিনারে অংশ গ্রহণকারীরা নিজেদের ভয় আমাদের টীমের সাথে ভাগ করে নিয়ে নিজেদের অনেকটাই হাল্কা অনুভব করেন। আমরা তাঁদের মনের ভেতরের ভয় দূর করার জন্য বিভিন্ন টেক্নিকের প্রয়োগ করি!

তারপর আমরা কিছু লোকেদের আত্মজীবনীর বিশেষ অংশের ওপরে আলোচনা করি আর ভিডিয়ো ক্লিপ দেখি! ভিডিয়ো দেখতে-দেখতে অংশ গ্রহণকারীদের মুখের ভাব বদলে যেতে থাকে! তাঁদের এমন সব বক্তাদের ফুটেজ দেখানো হয়... যাঁরা নিজেরা না তো স্মার্ট, না তাঁদের ভাষার ওপরে ভালো দখল থাকে আর না-ই তাঁদের মধ্যে কোন বিশেষ গুণ রয়েছে – তবুও তাঁরা অত্যন্ত জনপ্রিয় হয়ে উঠেছেন! তাঁদের বক্তব্য শুনতে হাজার-হাজার লোকেদের ভীড় একত্রিত হয় আর গোটা পৃথিবী তাঁদেরকে সম্মানের দৃষ্টিতে দেখে। শারীরিক রূপে অক্ষম লোকেদের ভিডিয়ো দেখা হয়... যাঁরা অনেক কষ্ট সহ্য করেও আজ বিজনেসের শীর্ষে উঠে গেছেন!

ওয়ার্কশপের এই অংশটার পরে অধিকাংশ লোকেদের হীণ ভাবনা দূর হয়ে পড়ে আর তাঁদের মুখে-চোখে আত্মবিশ্বাসের স্পষ্ট ছাপ দেখতে পাওয়া যায়! আমি এমন ওয়ার্কশপে সর্বদা নিজের ভিডিয়ো টীমকে ধন্যবাদ জানাই... যাঁরা অত্যন্ত মেহনত করে অংশ গ্রহণকারীদের জন্য দুর্লভ সব ভিডিয়োর ব্যবস্হা করেন!

বন্ধুরা! দুর্বলতা সবার মধ্যেই থাকে... তাতে কি এসে-যায়! আমরা সবাই কিছু দুর্বলতা আর কিছু গুণের সাথে এই সংসারে এসেছি! যদি দুর্বলতা সংশোধন করে নেওয়ার যোগ্য হয়... তাহলে সেগুলোকে অবশ্যই সংশোধন করে নিন আর দুর্বলতা সংশোধন করার যোগ্য না হলে সেগুলোকে ভুলে যান! সফল লোকেরা নিজেদের দুর্বলতা চেনেন... কিন্তু তাঁরা নিজেদের গুণের ওপরে কাজ করেন! ব্যর্থ লোকেরাও নিজেদের দুর্বলতা চেনেন... কিন্তু তাঁরা সেগুলোর জন্য দুঃখ প্রকাশ করতে থাকেন আর এর জন্যই তাঁদের গুণগুলো গৌণ হয়ে ওঠে!

একবার আত্ম-আকলণ করুন... নিজের ভেতরে উঁকি মেরে দেখুন আর নিজের গুণগুলোকে খোঁজার চেষ্টা করুন! নিজেদের ব্যক্তিত্বের প্লাস পয়েন্ট (ইতিবাচক গুণ)-য়ের সন্ধান করুন... সেগুলো একটা কাগজে লিখে রাখুন! সেগুলোকে এড়িয়ে যাবেন না, সেগুলো লিখে রাখুন! আপনারা এটা দেখতে পাবেন যে, আপনাদের মধ্যে এমন প্রচুর গুণ রয়েছে... যেগুলোর ওপরে কাজ করে চলে আপনারা জীবনে সফল হতে পারেন!

আমি এমন অনেক লোকেদের জানি... যাঁরা সর্বদা ঈশ্বরকে ধন্যবাদ জানাতে থাকেন যে, ঈশ্বর তাঁদেরকে এক সুস্হ পরিবেশে জম্ম দিয়েছেন! দুর্বলতা সবার মধ্যেই থাকে... নিজেদের গুণগুলোর ওপরে মনোযোগ দিন আর এগিয়ে চলুন!

আমার এক বৃদ্ধ কাকার ডায়াবেটিজ আছে,
উচ্চ রক্তচাপ আছে! ওনার হাঁফানীও আছে,
ওনার চোখের দৃষ্টিশক্তিও কিছুটা কমে এসেছে...
তবুও উনি সর্বদা ঈশ্বরকে ধন্যবাদ জানাতে
থাকেন যে, তিনি এই বয়সেও নিজের কাজ
নিজে করতে পারছেন!

নেটওয়ার্ক সতর্কবাণী

কেউ যদি আপনাদের এমনটা বলে যে, আপনারা কেবল যুক্ত হয়ে পড়ুন... আপনাদের ডাউনলাইন উনি তৈরী করে দেবেন আর আপনাদের কোন মেহনত করতে হবে না... তাহলে এমন কথায় ফাঁসবেন না ! এই দুনিয়ায় কেউ কাউকে বিনা মেহনতে একটা পয়সাও দেয় না ! এটা আপনাদের আকর্ষিত করার জন্য এক লোভনীয় প্রস্তাব ছাড়া আর কিছুই হয় না !

44

নিজের 100% দিন !

যে কোন কাজ করার আগে একবার চিন্তা করে নিন ! আপনারা কি সেই কাজটা সম্পূর্ণ মনোযোগ সহকারে করছেন ? আপনারা কি নিজেদের পূর্ণ ক্ষমতা আর যোগ্যতার উপযোগ সেই কাজটা করার জন্য করছেন ?

অসম্পূর্ণ মনে করা, কেবলমাত্র কাজ করার জন্য করা অধিকাংশ কাজ নিরর্থক হয়ে ওঠে ! আপনারা যদি কোন কাজের সাথে নিজেদের মনকে যুক্ত না করতে পারেন... তাহলে সেই কাজ না করাই ভালো !

সেই কাজটা করা যদি অত্যন্ত আবশ্যক হয়... তাহলে নিজের মন থেকে সমস্ত "যদি... কিন্তু" বার করে দিয়ে কাজে লেগে পড়ুন। অজুহাত দেখাবেন না... কাজে পূর্ণ শক্তি লাগিয়ে দিন !

কিছু লোকেদের উৎসাহ আর সমর্পণ কমতে-বাড়তে থাকে... হঠাৎ করে তাঁরা উৎসাহে পরিপূর্ণ হয়ে উঠে অত্যন্ত পরিশ্রম করতে থাকেন আর হঠাৎ করেই একটা সময় নিষ্ক্রিয় হয়ে পড়েন ! সম্পূর্ণ যোগ্যতা থাকা সত্ত্বেও এমন লোকেরা শীর্ষে পৌঁছতে পারেন না। কাজ করলে পূর্ণ শক্তির সাথে করুন... অন্যথা কাজই করবেন না !

আপনারা পূর্ণ প্রচেষ্টা করলে লক্ষ্য প্রাপ্ত না হওয়া সত্ত্বেও আপনাদের মনে কোন প্রকারের দুঃখ থাকবে না... কারণ আপনারা প্রচেষ্টায় কোন ত্রুটি রাখেননি !

এমন লোকেদের প্রতি আমার রাগ হয়... যাঁরা প্রথমে তো কোন কাজ হাতে নেন, তারপর সেই কাজে তাঁরা সমস্যা দেখতে পান। তাঁরা বিভিন্ন

প্রকারের অজুহাত দেখাতে থাকেন! তাঁরা হয় কাজ শেষ হওয়ার আগেই হাত গুটিয়ে নেন... নয়তো তাঁদের সেই কাজ ব্যর্থ হয়ে পড়ে!

নেটওয়ার্ক মার্কেটিং-য়ে এই 100% সমর্পণের অত্যন্ত বেশী গুরুত্ব রয়েছে! আপনারা যদি এই প্রণালীর প্রতি সিরীয়াস না হন, এটাকে এক ছোট বিজনেস বলে মনে করে অপূর্ণ মন দিয়ে কাজ করেন... তাহলে আপনাদের ব্যর্থ হওয়াটা নিশ্চিত! আপনাদের মধ্যে যদি স্বপ্ন সাকার করে তোলার সম্পূর্ণ ইচ্ছা না থাকে, আপনাদের মধ্যে যদি 'না' শোনার সাহস না থাকে... তাহলে আপনাদের হার সুনিশ্চিত! আপনারা যদি নিজেদের বিজনেসের প্রতি গর্ব অনুভব না করেন, তাহলেও ভালো পরিণাম পাওয়াটা মুশ্কিল হয়!

আমি নেটওয়ার্ক মার্কেটিং-য়ের নিজের সেমিনারে সবাইকে এটাই বলি যে, আপনারা যদি অপূর্ণ মনে এই বিজনেস করছেন, আপনারা যদি এই বিজনেসকে সুচারু রূপে চালানোর জন্য আবশ্যক ইন্ধন জোগানোর জন্য প্রস্তুত না হন, আপনারা যদি এই বিজনেসের প্রতি সম্পূর্ণ সমর্পিত না হন, আপনারা যদি নতুন লোকেদের এই বিজনেসের ব্যাপারে জানাতে সংকোচ অনুভব করেন... তাহলে আবার একবার চিন্তা করে নিন, কারণ আপনারা ব্যর্থতার পথে এগিয়ে চলেছেন!

এজন্য এই বিজনেসকে নিজের জীবন মনে করে কাজ করে চলুন... নিজের পরিবারের ভবিষ্যত মনে করে কাজ করে চলুন!

যেদিন আপনারা নিজেদের ব্যাপারে সম্পূর্ণ দায়িত্ব নেন,
যেদিন আপনারা অজুহাত দেখানো বন্ধ করে দেন...
সেদিন থেকে আপনারা শিখরের দিকে
যাত্রা শুরু করে দেন!

45

অতি বুদ্ধিমানী এড়িয়ে চলুন!

এই সংসারে এমন ক্ষেত্র খুব কমই হয়, যেখানে অতি বুদ্ধিমান লোকেদের হার হয়... কিন্তু নেটওয়ার্ক মার্কেটিং-য়ে এমনটা হতে পারে! আপনারা যদি অতি বুদ্ধিমান হন, তাহলে আপনাদের নিজের ভেতরে ধৈর্য্য, নিষ্ঠা আর অনবরত প্রচেষ্টার মত যোগ্যতাও বিকশিত করে তুলতে হবে! এটা আমার ব্যক্তিগত মতামত যে, অতি বুদ্ধিমান লোকেরা প্রায়ই দ্রুত জয়লাভ করার উপায় খুঁজতে থাকেন... শর্টকাট খুঁজতে থাকেন আর নিজের রাস্তা নিজেই তৈরী করেন! অন্য দিকে নেটওয়ার্ক মার্কেটিং প্রণালীতে অধিকাংশ ক্ষেত্রে সেই সব ব্যক্তিরাই সফল হন... যাঁরা নিয়মের পালন করেন আর আপলাইন দ্বারা জানানো পথে চলেন – তা সেই রাস্তা কিছুটা লম্বা হলেও!

অনেক সফল নেটওয়ার্কারিদের সাথে কথা বলার পরে আমি এই নিষ্কর্ষে এসে পৌঁছেছি যে, প্রায়ই আমরা যেসব ব্যক্তিদের অত্যন্ত স্মার্ট আর বুদ্ধিমান মনে করে বিজেতা হিসেবে মেনে নিই... তাঁরা হয় ব্যর্থ হয়ে পড়েন আর নয়তো বিজনেস ছেড়ে দেন! এর বিপরীত আমরা কিছু লোককে সাধারণ মনে করে তাঁদের ওপরে বিশেষ দৃষ্টি দিই না আর তাঁরাই 'লম্বা রেসের ঘোড়া' প্রমাণিত হন! এই বিজনেসে অধিকাংশ সেই সব লোকেরাই শীর্ষে পৌঁছন... যাঁদের ব্যাপারে অন্যরা বেশী আশাবাদী ছিলেন না!

এই বিজনেস হচ্ছে সাধারণ লোকেদের বিজনেস! এর জন্য অতি বুদ্ধিমান বা অতি স্মার্ট হওয়ার কোন প্রয়োজন নেই! সাধারণ লোকেরা এই বিজনেসে সাধারণ শিক্ষা আর গুণের সাথে লেগে থাকেন আর অসাধারণ সমৃদ্ধি প্রাপ্ত করে নেন!

46

সিদ্ধান্ত মেরুদণ্ডের হাড় হয়!

নেটওয়ার্ক মার্কেটিং একেবারে আলাদা ধরণের বিজনেস হয়! এতে আপনারা কোন প্রকারের ভুল সমঝোতা করতে পারেন না। সাধারণ বিজনেস প্রণালীতে জালসাজি, খারাপ গুণবত্তার উৎপাদন, লুকিয়ে থাকা শর্ত, কালোবাজারী, নকল মালের মত বেশ কিছু অ-সৈদ্ধান্তিক কাজকর্ম হয়। অনেক বিজনেস তো এমনও হয়ে পড়েছে, যেখানে সৈদ্ধান্তিক ব্যক্তিরা হার মেনে নেবেন! এর বিপরীত নেটওয়ার্ক প্রণালীতে সিদ্ধান্ত মেরুদণ্ডের হাড়ের মত হয়!

আপনারা যদি দুষ্প্রচার করেন, আপনাদের মধ্যে যদি কোন খারাপ অভ্যাস থাকে... তাহলে দেখতে-দেখতে সেই অভ্যাস অন্যদের মধ্যেও ছড়িয়ে পড়বে! আপনারা যদি কোন মিথ্যা প্রতিশ্রুতি দেন, অন্যদের মিথ্যা স্বপ্ন দেখাতে থাকেন... তাহলে আপনারাও মুশ্কিলে পড়ে যাবেন! এটা হচ্ছে উৎপাদনের সাথে-সাথে লোকেদের যুক্ত করার বিজনেস! আপনাদের প্রতিটি ভুল আর প্রতিটি সঠিক অভ্যাসের নকল আপনাদের ডাউনলাইন করতে থাকেন। ভুল সিদ্ধান্তের ওপরে চলে কখন যে আপনাদের গ্রুপ ধ্বংস হয়ে পড়বে... আপনারা জানতেও পারবেন না! নেটওয়ার্ক মার্কেটিং-য়ে সিদ্ধান্ত মেরুদণ্ডের হাড়ের মতই হয়! এজন্য ঃ-

☑ কখনো উৎপাদনের ব্যাপারে রং চড়িয়ে বলবেন না!

☑ এমন স্বপ্ন দেখাবেন না... যেটা প্রাপ্ত করা সম্ভব নয়!

☑ অন্য গ্রুপের লোকেদের ভাঙার চেষ্টা করবেন না!

☑ অন্য নেটওয়ার্ক কোম্পানীর নিন্দা করবেন না!

☑ নিজের ডাউনলাইনের ভুল প্রবৃত্তিকে প্রশ্রয় দেবেন না!

47

সমালোচনার 6 নিয়ম !

নেটওয়ার্ক মার্কেটিং প্রণালীতে বিজনেস বাড়ানোর জন্য এবং অন্যদের প্রেরিত করে তোলার জন্য প্রশংসার আশ্রয় গ্রহণ করা হয়... ক্ষমতা আর যোগ্যতার ওপরে বিশ্বাস প্রদর্শন করা হয় ! এর সাথে-সাথেই যেসব ডিস্ট্রিব্যুটর্স বা ডাউনলাইন সিদ্ধান্তের পালন করেন না বা বিজনেসের প্রতি মনোযোগ দেন না... তাঁদের সমালোচনাও করা হয় ! এই সমালোচনা যদি ইতিবাচক হয়, তাহলে সেটা কাজ করে... কিন্তু সমালোচনা নেতিবাচক হলে আঘাত দেয় !

সমালোচনা করাটা আবশ্যকও হয়... কারণ টীমের মধ্যে ভুল গতিবিধি হতে থাকলে লীডার হাতের ওপরে হাত রেখে বসে থাকতে পারেন না। সমালোচনা করার সময় কিছু বিশেষ নিয়মের প্রতি দৃষ্টি দিন ঃ-

নিয়ম - 01

সমালোচনা কাজের করুন... ব্যক্তির নয় !

রাষ্ট্রপিতা মহাত্মা গান্ধী বলেছিলেন – **"পাপকে ঘৃণা করুন... পাপীকে নয় !"** ঠিক সেই প্রকার সমালোচনা কাজের হওয়া উচিত... ব্যক্তির নয় !

প্রায়ই লোকেরা মন থেকে খারাপ হন না। অসাবধানতাবশতঃ, অজ্ঞানতাবশতঃ, কৌতূহলবশতঃ বা আবেগবশতঃ তাঁদের দ্বারা এমন কিছু কাজ হয়ে পড়ে... যেগুলো নিয়ম অনুসারে হওয়া উচিত ছিল না ! এমন পরিস্থিতিতে সেই কাজের সমালোচনা করলে ব্যক্তি আপনা থেকেই এটা বুঝতে পেরে যান যে, তাঁর দ্বারা ভুল হয়ে পড়েছে !

কাজের সমালোচনা করলে সেটাকে ব্যক্তিগত আঘাতের রূপে গ্রহণ করা হয় না আর তার সাথে-সাথে অন্যরাও এটা বুঝতে পেরে যান যে, এমন

কাজ তাঁদের করা উচিত নয়... অন্যথা তাঁদের কাজেরও এই প্রকারই সমালোচনা করা হবে!

উদাহরণ ঃ যদি কোন ব্যক্তি এক ভুল প্ল্যান করে থাকেন, তাহলে –
(ক) তুমি সর্বদা ভুল প্ল্যান পেশ করো (*ব্যক্তিগত ভুল সমালোচনা*)!
(খ) এই প্ল্যান সঠিক নয় (*সঠিক সমালোচনার পদ্ধতি*)!

নিয়ম - 02

সমালোচনা করার সময় সেই কাজের ব্যাপারে কথা বলুন,
পুরোন বিষয়ে নয়!

প্রায়ই সমালোচনা করার সময় লোকেরা পুরোন ঘটনাকে জীবিত করে তোলেন... পুরোন ক্ষতস্হানকে আবার একবার তাজা করে তোলেন! পুরোন কোন ব্যাপারকে মাঝখানে ট্রেনে নিয়ে আসেন। এতে অন্য ব্যক্তি আক্রামক হয়ে ওঠেন! সমালোচনাকে সহজ ভাবে গ্রহণ না করে সেটাকে অপমান হিসেবে মনে করতে থাকেন! সমালোচনার মূল উদ্দেশ্য সেখানেই শেষ হয়ে পড়ে আর তর্কাতর্কি শুরু হয়ে পড়ে! এমন সমালোচনা কেবলমাত্র বিজনেসেই নয়... বরং জীবনের প্রতিটি ক্ষেত্রে দেখতে পাওয়া যায়!

উদাহরণ ঃ নেটওয়ার্ক মার্কেটিং-য়ে এক লীডার নিজের ডাউনলাইনকে বলছেন –

(ক) তুমি আগেও কখনো আপলাইনের কথা শোননি... এজন্য লাগাতার ব্যর্থ হতে থেকেছ! তুমি এখনও শুনছ না! (*ভুল সমালোচনা*)

(খ) তুমি যদি সিদ্ধান্তের ওপরে না চলো, তাহলে তুমি ব্যর্থ হতে পারো! (*সঠিক সমালোচনা*)

নিয়ম - 03

সমালোচনা কাজের সাথে যুক্ত হওয়া উচিত...
স্বভাবের সাথে নয়!

প্রায়ই সমালোচনা করার সময় ব্যক্তিগত আরোপ লাগানো হয়ে থাকে! যদি কোন ভুল কাজ হয়ে পড়ে, তাহলে প্রায়ই এমন মন্তব্য শুনতে পাওয়া

যায় –

- তোমার স্বভাবই হচ্ছে তাড়াহুড়ো করার !
- তুমি বরাবরই বেপরোয়া !
- তুমি পরিস্কার-পরিচ্ছন্নতার ওপরে দৃষ্টি দাও না !
- তুমি কথা বলতে জানো না !
- তুমি শুরু থেকেই বড় জেদী ইত্যাদি-ইত্যাদি...!

ব্যক্তিত্বের সাথে যুক্ত এমন মন্তব্য আর আরোপ আক্রোশের সৃষ্টি করে আর এমন সমালোচনা করতে থাকা লীডার অ-জনপ্রিয় হয়ে ওঠেন !

নেটওয়ার্ক মার্কেটিং হচ্ছে হৃদয়ের সাথে হৃদয়কে যুক্ত করার বিজনেস ! এতে সহযোগী, আপলাইন আর ডাউনলাইনের সাথে প্রচুর সময় কাটে ! একে-অপরের দুর্বলতা আর গুণগুলো বুঝতে পারা যায় আর এখান থেকেই শুরু হয় স্বভাবের সাথে যুক্ত ব্যক্তিগত ব্যঙ্গ !

হৃদয়ের এই বিজনেসে হৃদয়ে আঘাত না করা হলে উন্নতির চাকায় কখনোই ব্রেক লাগে না !

নিয়ম - 04

সমালোচনা করুন... কিন্তু প্রশংসার সাথে !

কোন ব্যক্তিই এমনটা হন না... যাঁর মধ্যে কেবল খারাপ জিনিষ থাকে বা যিনি কেবল ভুলই করে চলেন ! প্রতিটি ব্যক্তির মধ্যে প্রশংসা করার যোগ্য তত্ত্বও থাকে !

কিছু লীডারের... কিছু ব্যক্তির এমন অভ্যাস থাকে যে, তাঁরা সমালোচনা করার জন্য সর্বদাই তৎপর হয়ে থাকেন... কিন্তু কারো প্রশংসা করার সময় তাঁরা অত্যন্ত কৃপণতা করেন !

সমালোচনা যদি প্রশংসার সাথে স্যাণ্ডউইচ করে করা হয়... তাহলে সেটা বেশী প্রভাবশালী হবে আর সেই সমালোচনার গ্রহণ যোগ্যতাও বেড়ে উঠবে ! যদি কোন ব্যক্তির লাগাতার সমালোচনা করা হতে থাকে... তাহলে তিনি ধীরে-ধীরে সেটাকে উপেক্ষা করতে শুরু করে দেবেন আর তার সাথে-সাথে মনের মধ্যে সমালোচনাকারী ব্যক্তির প্রতি ব্যক্তিগত শত্রুতাও পোষণ করে নেবেন ! কিন্তু এই সমালোচনাই যদি প্রশংসার সাথে করা

হয়... তাহলে সেটাকে ইতিবাচক রূপে গ্রহণ করা হবে!

নিয়ম - 05

সমালোচনা একান্তে... প্রশংসা ভীড়ের মাঝে!

শুধু নেটওয়ার্ক মার্কেটিং-ই নয়... জীবনের যে কোন ক্ষেত্রে লোক-ব্যবহারের এটা হচ্ছে এক অত্যন্ত গুরুত্বপূর্ণ নিয়ম! প্রায়ই নিজের প্রভাব সৃষ্টি করার জন্য, নিজেকে অন্যদের থেকে বড় প্রমাণ করার জন্য বা নিজেকে মহান প্রমাণিত করার জন্য আমরা সবার মাঝে কোন ব্যক্তির সমালোচনা করে বসি!

সেই ব্যক্তি সবার মাঝে উপহাসের পাত্র হয়ে ওঠেন! এই আঘাতকে তিনি কখনো ভুলতে পারেন না আর আপনারা সেই ব্যক্তিকে হারিয়ে বসেন!

আপনারা এমনটা চিন্তা করেন যে, অন্য লোকেদের হেয় প্রতিপন্ন করে আপনারা তাঁদের ওপরে প্রভাব বিস্তার করছেন... কিন্তু বুদ্ধিমান লোকেরা এমনটাকে আপনাদের দুর্বলতা বলে মনে করেন! সবার মাঝে কারো সমালোচনা করাকে আমি এক লীডারের দুর্বলতা হিসেবে মানি... শক্তি নয়! এর অন্য দিকে ভীড়ের মধ্যে কোন বিবাদাস্পদ বিষয়ে নিরপেক্ষ মতামত দেওয়াকে কোন লীডারের শক্তি হিসেবে মানা হয়!

আপনারা যদি ভীড়ের মধ্যে নিজেকে নিয়ন্ত্রণে রেখে একান্তে কোন ব্যক্তির সমালোচনা করেন... তাহলে সেই ব্যক্তি সর্বদাই আপনাদের প্রতি ঋণী হয়ে থাকবেন! আপনাদের নেতৃত্ব, আপনাদের বন্ধুত্ব আরও বেশী করে স্বীকার করা হবে!

নিয়ম - 06

সমালোচনা করার আগে আবার একবার চিন্তা করে নিন!

"বাণী সামলে বলুন,
না হাত আছে, না পা –
এক শব্দ করে ঔষধির কাজ,
অন্য শব্দ করে ঘা!"

কামান থেকে বেরিয়ে আসা গোলা, বন্দুক থেকে বেরিয়ে আসা বুলেট আর মুখ থেকে বেরিয়ে আসা শব্দ কখনো ফেরত আসে না! আপনাদের কিছু অসতর্ক শব্দ আপনাদের কেরিয়ার, বিজনেস, মিত্র আর পরিবারকে ধ্বংস করে দেওয়ার ক্ষমতা রাখে!

আবার একবার মূল বিষয়ের পরীক্ষা করে নিন! এমনটা যেন না হয় যে, কোন ভুল তথ্য বা অসম্পূর্ণ তথ্যের ভিত্তিতে আপনারা কারো সমালোচনা করে বসলেন আর পরে সামলানোর বা সম্পর্ককে সহজ করে তোলার সুযোগই পেলেন না!

যে সময় আপনাদের মন আবেগে ভরে থাকবে, আপনাদের ক্রোধ চরম সীমায় থাকবে... সেই সময় নিজের সর্বশক্তি প্রয়োগ করে সমালোচনা করা এড়িয়ে চলুন! গরম মস্তিষ্কে করা সমালোচনা অনিয়ন্ত্রিত আর ঘাতক হয়! আপনারা কারো সমালোচনা তো করে বসেন... কিন্তু সেই ব্যক্তিকে বরাবরের মত হারিয়ে বসেন!

◆——◆

নেটওয়ার্ক সতর্কবাণী

আপনারা যদি ভালো বিজনেস করছেন,
আপনারা যদি লীডার হন... তাহলে আপনাদের
ওপরে দায়িত্ব আরও বেড়ে ওঠে !
আপনাদের এক ভুল অভ্যাস বা ভুল প্রলোভন
কখন যে আপনাদের গ্রুপে ভায়রাসের মত ছড়িয়ে
পড়বে, আপনারা জানতেও পারবেন না !
নিজের যে কোন ভুল প্রবৃত্তিকে হাল্কা ভাবে
নেবেন না... কারণ রং-য়ের একটা ফোঁটা
কয়েক লিটার জলকে রঙ্গীন করে তোলে আর
একটা খারাপ অভ্যাস পুরো গ্রুপকে ধ্বংস
করে দেয় !

48

নিজের সীমা ভেঙে ফেলুন !

এই জিনিষটার কোন প্রমাণ পাওয়া যায় না যে, মানুষ কবে থেকে নিজেকে যোগ্যতা আর অযোগ্যতার সীমায় বাঁধতে শুরু করেছিল... কবে থেকে **অসম্ভব** শব্দের প্রয়োগ করতে শুরু করেছিল... কিন্তু নিশ্চিত রূপে সেই দিনটা মানব সভ্যতার সব থেকে খারাপ দিন ছিল !

আমি যখন আমার সেমিনার আর ওয়ার্কশপগুলোয় লোকেদের থেকে এমনটা শুনতে পাই – *"আমরা ছোট শহরের বাসিন্দা !", "আমরা যোগ্য নই !", "আমাদের কাছে সুবিধা নেই !", "আমরা ধনী নই !", "আমাদের কাছে কোন ডিগ্রী নেই !"* – তখন তাঁদের ওপরে আমার প্রচণ্ড রাগও হতে থাকে আর তার সাথে-সাথে আমি অন্যদের সহায়তা করার লক্ষ্যও প্রাপ্ত করি ! মানুষ নিজেই নিজেকে সীমার মধ্যে বেঁধে ফেলে আর হার মেনে নেয়... এজন্য আমার রাগ হতে থাকে ! আর লক্ষ্য এজন্য প্রাপ্ত হয়... কারণ এই সব লোকেরা চাপের মধ্যে রয়েছেন, এনারা দুঃখী হয়ে উঠেছেন আর এনাদের সীমার থেকে বাইরে বার করে আনাটা আমাদের কর্তব্য ! আমি শিক্ষা প্রণালীকেও এর জন্য কিছুটা দায়ী বলে মনে করি ! আমাদের পুরো শিক্ষা প্রণালী এই সিদ্ধান্তের ওপরে কেন্দ্রীভূত হয়ে রয়েছে – *"কি সম্ভব নয়"*... সেটার এই বিষয়ের ওপরে কেন্দ্রীভূত হওয়া উচিত – *"কিছুই অসম্ভব নয় !"*

ভ্রমরের শরীর ভারী হয়, তার পাখনা ছোট হয়,
বায়ু সহায়িত্বের সিদ্ধান্ত অনুসারে
ভ্রমর উড়তে পারে না... কিন্তু সে অনায়াসে উড়ে বেড়ায় !
ভালো হয়েছে যে, ভ্রমরদের কোন স্কুল নেই...
অন্যথা তারা এতদিনে ওড়া বন্ধ করে দিত !

এক প্রসিদ্ধ গাড়ী নির্মাতা কোম্পানীর মালিক সর্বদা নতুন কোন গাড়ী

তৈরীর যোজনা বানানোর আগে জীবনের আলাদা-আলাদা ক্ষেত্র, যেমন – ডাক্তার, ইঞ্জিনিয়ার, কৃষক, শিক্ষক, খেলোয়াড় ইত্যাদিদের মীটিং ডাকতেন ! তাঁদের প্রশ্ন করা হত – "আপনাদের চিন্তা অনুসারে কোন গাড়ীতে কি-কি থাকা উচিত ? আপনাদের যার যত কল্পনা আছে, সব লিখে ফেলুন !" লোকেরা বিভিন্ন ধরণের কল্পনা লিখতেন আর গাড়ী নির্মাতা সেগুলো মনোযোগ সহকারে পড়তেন !

একবার কেউ ওনাকে প্রশ্ন করেছিল – "আপনার কাছে সুযোগ্য ইঞ্জিনিয়ারদের এত বড় ফৌজ রয়েছে... সাধারণ লোকেদের পরামর্শ নেওয়ার আপনার কিসের প্রয়োজন ?" ওনার উত্তর ছিল – "আমরা সাধারণ লোকেদের থেকে বিভিন্ন ধরণের অদ্ভূত-অদ্ভূত পরামর্শ আর নতুন-নতুন তথ্য প্রাপ্ত করি ! তারপর আমি আমার ইঞ্জিনিয়ারদের প্রশ্ন করি যে, এমনটা কি করে হতে পারে ? আমি যদি আগে থেকেই আমার ইঞ্জিনিয়ারদের পরামর্শ নিই, তাহলে নতুন মডেলের গাড়ী কখনোই বাজারে আসতে পারত না ! কারণ এই সব ইঞ্জিনিয়াররা এই জিনিষটার ডিগ্রী নিয়ে এসেছেন – "কি হতে পারে না" আর সাধারণ লোকেরা এটা জানান – "কি হওয়া উচিত !"

আমাদের যদি এই সংসারে কিছু পেতে হয়... তাহলে সবার আগে আমাদের নিজেদের তৈরী মানসিক বন্ধন ভেঙে ফেলতে হবে ! তারপর অন্যরা আমাদের জন্য যে সীমা নির্দিষ্ট করেছেন, সেগুলোকে ভেঙে ফেলতে হবে !

◆——◆

49

ইতিহাস সাক্ষী!

"এক মাইল ছোটার রেকর্ড 4 মিনিটের বেশী... এই রেকর্ড কোনদিন ভাঙতে পারে না! এটাই হচ্ছে মানুষের সর্বোচ্চ প্রদর্শন!"

– হ্যারী এ্যাব্রুস
ব্রিটিশ অলিম্পিক কোচ, 1903

1954 সালে রজার ব্যানিস্টার 4 মিনিটেরও কম (3 মিনিট 59.4 সেকেণ্ড) সময়ে এক মাইল ছোটেন আর তারপর থেকে আজ পর্যন্ত অনেকে এই রেকর্ডের সমান সময় করেছেন!

"মানুষ কোনদিন চাঁদে পৌঁছতে পারবে না... পৃথিবী হচ্ছে বিজ্ঞানের সীমা!"

– ডাঃ লি. ডি. ফরেস্ট
ভ্যাকুয়াম টিউবের আবিষ্কর্তা

20-শে জুলাই, 1969 নীল আর্মস্ট্রং চাঁদের মাটিতে পায়চারী করে বেড়াচ্ছিলেন!

"কেবলমাত্র পাখী আকাশে উড়তে পারে... হাওয়ার থেকে বেশী ওজনের মেশিন আকাশে উড়তে পারে না!"

– লর্ড কেলভিন
প্রেসিডেন্ট ঃ রয়্যাল সোসাইটি, 1895

"আমরা সাইকেলের স্পেয়ার্সের সহায়তায় মানুষকে পাখী বানিয়ে দিয়েছি !"
– রাইট ব্রাদার্স

◆━◆

শারীরিক ক্ষমতার বন্ধনও কোন গুরুত্ব রাখে না ! দুনিয়ার শীর্ষস্থানীয় লোকেদের ব্যাপারে জানার পরে আমি এমনটা চিন্তা করতে বাধ্য হয়ে উঠেছি যে, সত্যিই কি বন্ধন বা সীমা নামক কোন জিনিষ এই সংসারে আছে, না কি সেগুলো কেবলমাত্র দুর্বল লোকেদের দুর্বল অজুহাত মাত্র ! ?

– সংসারের সর্বশ্রেষ্ঠ কবিদের মধ্যে একজন **জন মিল্স** অন্ধ ছিলেন !

– দুনিয়ার সর্বশ্রেষ্ঠ অমর সঙ্গীতকারেদের অন্যতম **বীথোভেন** কানে কালা ছিলেন !

– **এডিসন** ফোনোগ্রাফ আবিষ্কার করার সময় কানে শোনার ক্ষমতা হারিয়ে ফেলেছিলেন !

– **ফ্রাংকলিন রুশভেল্ট** পোলিয়োগ্রস্ত ছিলেন আর ওনার কোমরের নীচের অংশ পক্ষাঘাতে গ্রস্ত হয়ে পড়েছিল। উনি 4 বার আমেরিকার রাষ্ট্রপতি পদের জন্য নিবার্চিত হয়েছিলেন !

– প্রসিদ্ধ ভারতীয় মহিলা নর্তকী **সুধা চন্দ্রন** নকল পা নিয়ে নৃত্য পরিবেশন করেন !

– **উইলমা রুডোল্ফ** পোলিয়ো রোগে গ্রস্ত হয়ে পড়ার কারণে চলতে পারতেন না... তা সত্ত্বেও উনি অলিম্পিক দৌড়ে তিনটি স্বর্ণ পদক জিতেছিলেন !

এজন্যই বলছি – "সীমায় বাঁধা পড়বেন না !"

সমস্ত হীন ভাবনা বার করে ফেলে দিন !
অন্যেরা আপনাদের সম্বন্ধে কি ভাবে, ভুলে যান !
নিজেদের কাহিনী নিজেরা লিখুন !
অজুহাত দেখানো বন্ধ করুন... লড়ুন... সংঘর্ষ করুন...
সফলতা আপনাদের চরণ স্পর্শ করবে !

এই পথে হয়তো ব্যর্থতাও আসতে পারে... কিন্তু মনে রাখবেন যে, ব্যর্থতা জয়ের চাবিকাঠি হয়!

সফলতা শব্দটা এখন এতটা বড় হয়ে উঠেছে যে, সাধারণ ব্যক্তি ব্যর্থতার নামে ভয় পেতে লেগেছেন! ব্যর্থ লোকেদের নিয়ে হাসি-ঠাট্টা করা হয়, তাঁদের ব্যঙ্গ করা হয়! কিছু সফল লোকেরাও এমন কথা বলেন, যেন তাঁরা প্রথম প্রচেষ্টাতেই সব কাজে সফল হয়ে ওঠেন! ব্যর্থতা শব্দটার গুরুত্ব এখন ক্রমশঃ কমে আসছে আর সফলতার চাপ বেড়ে উঠছে!

সত্যি কথা হচ্ছে এটা যে, যাঁরা বেশী কৃতিত্ব হাসিল করেছেন, তাঁরা তত বেশী বার ব্যর্থ হয়েছেন... কেবলমাত্র এজন্য, কারণ তাঁরা বেশী বার প্রচেষ্টা করেছেন! কেউ যদি এমনটা বলেন যে, তিনি জীবনে কখনো ব্যর্থ হননি... তাহলে এমনটা ধরে নিন যে, তিনি জীবনে কখনো কোন কাজই করেননি! এজন্য বেরিয়ে পড়ুন, নিজের সর্বস্ব সমর্পন করে দিন... যাতে এমন দুঃখ না থাকে যে, আপনারা জেতার জন্য সম্পূর্ণ মন দিয়ে প্রচেষ্টা করেননি!

এমন লোকেদের থেকে দূরে থাকুন... যাঁরা আপনাদের উচ্চাকাংখাকে ছোট করে তুলতে চান, আপনাদের সীমায় বেঁধে ফেলতে চান! এমন কাজ নীচ লোকেরা করে... যখন কি সত্যিকারের মহান ব্যক্তিরা আপনাদের এমন অনুভূতি প্রদান করেন যে, আপনারাও জীবনে মহান হয়ে উঠতে পারেন!

◆——◆

নেটওয়ার্ক সতর্কবাণী

নেটওয়ার্ক মার্কেটিং কোম্পানীগুলো
নিজেদের ঘর থেকে আপনাদের পয়সা দেয় না...
বিজ্ঞাপন, সি. এ্যাণ্ড এফ., ডিস্ট্রিব্যুটর,
হোলসেলার, দোকানদার আর ট্রান্সপোর্ট খরচ
বাঁচিয়ে সেটা আপনাদেরকে উপার্জনের
রূপে দেয়... কারণ উৎপাদন কোম্পানী থেকে
বেরিয়ে সোজা আপনাদের কাছে পৌঁছয় !

50

বুদ্ধিমত্তা না কমন সেন্স ?

আমি এক প্রতিষ্ঠিত মার্কেটিং কোম্পানীতে প্রশিক্ষণ বিশেষজ্ঞের রূপে এক অনুষ্ঠানে অংশ নেওয়ার জন্য আগ্রা গিয়েছিলাম ! সেখানে সেই কোম্পানীর এক উৎসাহী ডায়মণ্ড লীডার আমাকে বলেছিলেন যে, এই বিজনেসে খুব বেশী বুদ্ধিমান লোকেদের আবশ্যকতা হয় না ! উনি এক উদাহরণ দিয়েছিলেন, যেটা আমার অত্যন্ত পছন্দ হয়েছিল আর সেটাই আমি এখানে আপনাদের সাথে ভাগ করে নিচ্ছ !

এক অতি বুদ্ধিমান বৈজ্ঞানিক আর এক অত্যন্ত সাধারণ ব্যক্তি ছিলেন ! অতি বুদ্ধিমান বৈজ্ঞানিক একটা মোষ দেখলেন... একেবারে কালো ! তারপর উনি মোষের চারা দেখলেন – চারার রং ছিল সবুজ আর শেষে উনি যখন মোষের দুধের রং সাদা দেখলেন... তখন উনি চক্করে পড়ে গেলেন ! ওনার মনে প্রশ্ন উঠতে লাগল – ***"কালো মোষ সবুজ চারা খেয়ে সাদা দুধ কি করে দিতে পারে ?"***

উনি তখুনি ল্যাবেরোটোরীতে এই ব্যাপারে রিসার্চ করতে লেগে পড়লেন ! অন্য দিকে সাধারণ ব্যক্তি মোষ দেখলেন ! মোষ দুধ দিতেই সেই সাধারণ ব্যক্তি পেট পুরে দুধ পান করলেন... নিজের স্বাস্থ্য বানালেন। কিছুটা দুধ উনি বাচ্চাদের জন্য বাড়ীতে নিয়ে গেলেন আর বাকী দুধ বিক্রী করে দিলেন ! অতি বুদ্ধিমান বৈজ্ঞানিক রিসার্চই করে চললেন আর সাধারণ ব্যক্তি সুস্থ আর ধনী হয়ে উঠলেন !

এই জিনিষটা নেটওয়ার্ক প্রণালীর ওপরেও প্রযোজ্য হতে পারে ! এই বিজনেসে কোন বিশেষ কৌশল বা বুদ্ধিমত্তার আবশ্যকতা হয় না ! এই বিজনেসে সফলতা প্রাপ্ত করার জন্য প্রচুর নিষ্ঠা আর একটু কমন সেন্সের প্রয়োজন হয় !

51

নেতৃত্ব ক্ষমতার 7 নিয়ম !

আপনারা যেমন-যেমন নেটওয়ার্ক প্রণালীতে সফলতার সিঁড়ি বেয়ে ওপরের দিকে উঠে চলেন... আপনাদের সাথে এ্যাসোসিয়েট / ডাউনলাইনের ফৌজ তৈরী হয়ে পড়তে থাকে! আপনারা ভালো লীডার হলে তাঁরা আপনাদের ভক্ত হয়ে ওঠেন! আপনারা ঠিক যেমনটা করেন... তাঁরাও ঠিক তেমনটা নকল করতে থাকেন আর আপনাদের মত হওয়ার পুরো চেষ্টা করতে থাকেন !

ভক্তদের এই ভীড় আপনাদের মধ্যে অহংকার আর দম্ভের সৃষ্টি করে আর আপনারা নিজেদের মূল উদ্দেশ্য থেকে সরে গিয়ে চেলা-চামুণ্ডা আর ভক্তদের প্রশ্রয় দিতে শুরু করেন! এর বিপরীত কোন লীডারের আসল দায়িত্ব হয় নিজের সাথীদের ঠিক আর ভুলের বোধ করানো! লীডার সর্বদা নিজের সাথীদের জন্য উদাহরণ হন! লীডার ইতিবাচক সমালোচনা করেন আর নিজের কোন ভুল হয়ে পড়লে সেটা স্বীকারও করে নেন !

এই ব্যাপারে সকল ম্যানেজমেন্ট গুরুরা একমত যে,
যদি কোন সংস্হা বা কোম্পানীকে শীর্ষে নিয়ে
যেতে হয়... তাহলে সংস্হায় প্রতিটি স্তরে নেতৃত্ব
ক্ষমতার অধিকারী লোকেদের থাকা উচিত...
যাঁরা সংস্হার ভালো-মন্দ দেখে
কঠোর নির্ণয় নিতে পারবেন আর
ব্যক্তিগত স্বার্থ আর অহংকারকে এক পাশে
সরিয়ে রাখতে পারবেন !

শিষ্য নয়... লীডার তৈরী করুন !

আপনাদের যদি নেটওয়ার্ক মার্কেটিং-য়ে সফলতা প্রাপ্ত করতে হয়... তাহলে আপনাদের নিজেদের ডাউনলাইনের সাথীদের মধ্যে লীডার তৈরী করতে হবে ! তাঁদের ক্ষমতার বিকাশ করতে হবে !

আমি, উজ্জ্বল পাটনী যদি কোন নেটওয়ার্ক কোম্পানীর ডিস্ট্রিব্যুটর হই... তাহলে নতুন লোকেদের যুক্ত করার পরে আমাকে তাঁদের থেকে আরও বেশ কিছু উজ্জ্বল পাটনী তৈরী করতে হবে, বিকশিত করতে হবে ! এই প্রকার আমার শারীরিক উপস্থিতি যদিও এক জায়গায় থাকবে... কিন্তু আমার মত অন্য লোকেরা বেশ কিছু জায়গায় পরিণাম সৃষ্টি করতে থাকবেন !

আপনারা যদি নিজেদের চেলা বানিয়ে নিয়ে থাকেন,
তাহলে তাঁরা ছোট-ছোট সমস্যা নিয়ে প্রতি দিন, বার-বার
আপনাদের কাছে ছুটে আসবেন আর আপনাদের দুঃখী
করে তুলবেন ! তাঁরা না তো বিজনেসকে সিরীয়াসলী
গ্রহণ করবেন আর না-ই লম্বা সময় পর্যন্ত
সক্রিয় হয়ে থাকবেন !

সারাংশ হচ্ছে এটা যে, শিষ্য নয়... নিজের নীচে লীডার তৈরী করুন ! এখানে লীডারের অর্থ নেতা নয়... বরং এমন ব্যক্তি, যাঁর মধ্যে নেতৃত্বের গুণ থাকবে !

সামূহিক লক্ষ্য... ব্যক্তিগত কার্য!

একজন লীডার নিজের টীমকে, নিজের সংস্হাকে আর কোম্পানীকে দিশা প্রদান করেন! লীডারই এটা ঠিক করেন যে, আমাদের কোথায়, কতটা দ্রুত যেতে হবে আর যাওয়ার রাস্তাটা কি?

তিনি নিজের সাথীদের এক লক্ষ্যে বাঁধেন... তাঁদেরকে
এক গন্তব্য প্রদান করেন আর স্বপ্ন প্রদান করেন!
সেই লক্ষ্য কেবলমাত্র লীডারের না হয়ে
সামূহিক লক্ষ্য হয়ে ওঠে!

কিন্তু এই সামূহিক লক্ষ্য প্রাপ্ত করার জন্য তিনি নিজের টীমের প্রতিটি সদস্যের ওপরে ব্যক্তিগত কাজ সঁপে দেন! প্রতিটি মনুষ্যের ক্ষমতা আলাদা হয়, যোগ্যতা আলাদা হয় আর ইচ্ছাও আলাদা হয়! লীডার প্রতিটি ব্যক্তিকে তাঁর যোগ্যতানুসার লক্ষ্য বেছে নিতে সহায়তা করেন... তাঁকে পথ দেখান!

নেটওয়ার্ক মার্কেটিং-য়ে লীডার যদি কোন ক্ষমতাবান সাথীর থেকে কোন ব্যক্তিগত প্রতিশ্রুতি আদায় করে নেন যে, আপনি এই মাসে 100-জন নতুন লোককে এই বিজনেসের সাথে যুক্ত করবেন... তাহলে সেই লীডার এক দুর্বল সাথীকে দিয়ে 30-জন নতুন লোক যুক্ত করার সংকল্প করান! সারাংশ হচ্ছে এই যে, লীডারের কর্তব্য হবে সামূহিক লক্ষ্য প্রস্তুত করা... কিন্তু তিনি নিজের সাথীদের ক্ষমতা অনুসারেই তাঁদের ব্যক্তিগত কাজ দেবেন!

লীডার কখনো সাহস হারান না !

লীডার সর্বদাই ইতিবাচক হন ! যত বিকট পরিস্হিতিই আসুক না কেন, প্রতিযোগিতা যেমনটাই হোক্ না কেন... লীডার কখনো সাহস হারান না – তিনি সর্বদাই ইতিবাচক হয়ে থাকেন !

লীডারের মনে কোন ভয় থাকলে, তিনি সাহস হারিয়ে ফেলতে থাকলেও তখনও তিনি নিজের ওপরে নেতিবাচকতাকে প্রভাব বিস্তার করতে দেন না, নিজের মুখে সেই ভাব স্পষ্ট হতে দেন না... কারণ যদি কোন সেনাবাহিনীর সেনাপতির মনোবল ভেঙে পড়ে, তাহলে সেই সেনাবাহিনীর পরাজয় সুনিশ্চিত হয়ে ওঠে !

নেতৃত্ব ক্ষমতা আপনারা কোন ম্যানেজমেন্ট স্কুল থেকে কিনতে পারবেন না... তবে স্কুল আর লীডারশিপের পুস্তক থেকে আপনারা এই গুণকে বিকশিত করে তোলার পদ্ধতি অবশ্যই শিখতে পারবেন ! নেতৃত্ব ক্ষমতা হচ্ছে এক খুব বেশী উপযোগ করা শব্দ... এজন্য প্রায়ই আমরা এর গভীরতায় নামি না আর এটাকে হাল্কা ভাবে নিই ! নেতৃত্ব ক্ষমতা অভ্যাস, অভিজ্ঞতা আর লোক-ব্যবহারের মিশ্রিত ফল হয় !

কিন্তু এতটা নিশ্চিত যে, কোন টীমের জয়-পরাজয়ে সব থেকে বেশী অবদান কোচ আর অধিনায়কের হয় ! যদি লীডার নেতিবাচক হন, ব্যর্থতাবাদী হন... তাহলে তাঁর সাথীরা জীবনের কোন ক্ষেত্রেই আশানুরূপ সফলতা প্রাপ্ত করতে পারেন না !

◆——◆

ভুলকে ভুল... ঠিককে ঠিক!

লীডার কখনো চাটুকার হন না... তাঁর ওপরে গোটা টীমের দায়িত্ব থাকে! তাঁকে অনেক বার অন্যদের হৃদয়ে আঘাত করা কঠোর নির্ণয় নিতেও হয়! এমন সাহস একমাত্র কোন লীডারই করতে পারেন!

ব্যবহারকুশল লীডার বিবাদের মধ্যে মৌন হয়ে থাকতে পারেন বা আবশ্যকতা না হওয়া সত্ত্বেও কথা বলতে পারেন... কিন্তু তিনি কখনোই মিথ্যার পক্ষ নেন না! কখনো-কখনো টীমের অখণ্ডতাকে বজায় রাখার জন্য তিনি লোকেদের ভুল শুধরে নেওয়ার সুযোগ দেন... কিন্তু কখনোই ভুলের পক্ষ নেন না! লীডার যদি ঠিককে ভুল বলেন আর ভুলকে ঠিক বলেন... তাহলে তাঁর পতন নিশ্চিত... সেটাকে কেউ-ই এড়াতে পারে না!

লীডারের দায়িত্ব হচ্ছে তিনি গ্রুপের সামগ্রিক
কল্যাণের জন্য কঠোর নির্ণয় নেবেন!
সেই নির্ণয় কারো ভালো লাগতে পারে, আবার কারো
খারাপও লাগতে পারে... কিন্তু লীডারকে দৃঢ় হয়ে
থাকতে হবে... কারণ শেষে পরিণামের পুরো
দায়িত্ব লীডারকেই নিতে হয়!

লীডার সবাইকে বুকে জড়িয়ে ধরেন !

নেটওয়ার্ক মার্কেটিং-য়ে সফল, কম সফল, অসফল – সব প্রকারের লোকেরাই থাকেন ! নেতৃত্ব ক্ষমতার অধিকারী লীডার সফল লোকেদের সম্মান করেন, কম সফল লোকেদের সফলতার প্রতি প্রেরিত করেন আর অসফল লোকেদের সাহস জোগান !

লীডার নিজের নেতৃত্ব ক্ষমতা আর বক্তৃতা ক্ষমতার সহায়তায় নিজের গ্রুপ পর্যন্ত এই বার্তা পৌঁছে দেন যে, ব্যর্থতা কোন ভুল বা ভারী ভুল নয়... সেটা হচ্ছে আরও এক শিক্ষাপ্রদ অধ্যায় ! যা হারিয়ে গেছে, সেটার জন্য দুঃখ প্রকাশ করলে যেটা প্রাপ্ত করা যেতে পারত... সেটাও হারিয়ে যাবে ! শুধু এইটুকু মাথায় রাখা উচিত যে, যে ভুল একবার হয়ে পড়েছে, সেটা যেন আর কখনো না হয় ! সেই ভুলের পুনরাবৃত্তি করতে থাকা ব্যক্তি মূর্খ হন !

কিছু লীডার ব্যর্থ লোকেদের সাথে সম্মানজনক ব্যবহার করেন না... তাঁদের প্রতি সঠিক সম্মান প্রদর্শন করেন না... এমন লীডার কখনো জনপ্রিয় হতে পারেন না ! সত্যিকারের লীডার ব্যর্থ লোকেদেরও বুকে টেনে নেন আর বলেন –

সিস্টেম অনুসারে চলতে থাকুন... ব্যর্থ হয়েছেন তো
তাতে কি এসে-যায় !

লীডার প্রতিটি মুহূর্তে শেখেন !

প্রায়ই নতুন কোন বিজনেস প্রণালীর সাথে যুক্ত হওয়ার কিছুদিনের মধ্যেই আমাদের এমনটা মনে হতে থাকে যে, আমরা সেই প্রণালীকে খুব ভালো ভাবে বুঝতে পেরে গেছি ! সফলতা প্রাপ্ত হতেই আমাদের মধ্যে আত্মবিশ্বাস এসে পড়ে আর আমরা আরও বেশী করে মেহনত করতে থাকি ! কিন্তু কিছু লীডারের জীবনে এমন দিনও আসে, যখন সেই আত্মবিশ্বাস ‘অতি আত্মবিশ্বাস’-তে বদলে যায় ! এই ‘অতি আত্মবিশ্বাস’ চিন্তা করার আর শেখার প্রক্রিয়াকে বন্ধ করে দেয় !

বন্ধুরা ! শেখার কোন বয়স হয় না... জ্ঞানের কোন শেষ হয় না ! লীডার প্রতিটি মুহূর্তে শেখেন... কখনো নিজের ভুল থেকে, তো কখনো অন্যদের ভুল থেকে তিনি শিক্ষা গ্রহণ করেন ! অন্যদের ভালো জিনিষটাকে তিনি নিজের বিজনেসে সমাহিত করে তুলে আরও মহান হয়ে ওঠেন ! জর্জ বার্নার্ড শ’ বলেছিলেন – “আমি যখন যুবা ছিলাম... তখন আমি দেখেছিলাম যে, 10-য়ের মধ্যে 9-টি প্রচেষ্টা ব্যর্থ হয়ে পড়ে ! এই জিনিষটার থেকে শিক্ষা গ্রহণ করে আমি 10 গুণ বেশী কাজ করা শুরু করি, যাতে আমাকে ব্যর্থ না হতে হয় !”

আপনাদেরও যদি এমনটা মনে হয় যে, আপনারা সব কিছু শিখে নিয়েছেন... তাহলে আপনাদের সাংসারিক জীবনে থাকার কোন অর্থই হয় না ! আপনারা হয় সন্ন্যাসী হয়ে পড়ুন আর নয়তো এই দুনিয়া ত্যাগ করে চলে যান !

লীডারের মধ্যে পাগলামী আর নেশা থাকে!

লীডারের মধ্যে আগুন থাকে... এক প্রকারের নেশা থাকে! লীডারের এনার্জী সংক্রামক হয়... তিনি নিজের সকল সাথীদের সংক্রমিত করে তোলেন! "অসম্ভব"... "এটা হতে পারে না"... "আমরা এটার যোগ্য নই" – এমন শব্দ আর বাক্য লীডারের অভিধানে থাকে না!

লীডারের ভাষা হয় – "আমরা করব... আমরা করতে পারি... কেউ আমাদের হারাতে পারবে না!" যেমন অর্জুন কেবলমাত্র মাছের চোখ দেখতে পাচিছলেন... সেই প্রকার লীডার কেবলমাত্র নিজের লক্ষ্য দেখতে পান!

লীডারের মধ্যে এক প্রকারের পাগলামি আর নেশা থাকে। তাঁকে দেখে অন্যেরা নিজেদের দুর্বলতা ভুলে যান আর সম্পূর্ণ সাহসের সাথে লক্ষ্যের দিকে এগিয়ে চলতে থাকেন! লক্ষ্য প্রাপ্তির জন্য এই নেশায় অনেক ভুলও হয়... অনেক প্রকারের বাধাও আসে! মনের মধ্যে হীণ ভাবনা পোষণ করে কাজ করা বন্ধ করে দেওয়ার পরিবর্তে লীডার সেই সব ভুলের থেকে শিক্ষা গ্রহণ করেন আর আরও ভালো হয়ে ওঠেন! আপনারাও যদি কোন কাজ করায় তিন বার ব্যর্থ হয়ে ওঠেন, তবুও যদি আপনারা চতুর্থ বারের জন্য সেই কাজটা করতে চলেছেন... তাহলে আপনাদের মধ্যে নিশ্চিত রূপে নেতৃত্ব ক্ষমতা রয়েছে! আপনারা যদি পাগল হন... তাহলে একমাত্র আপনাদের মধ্যেই এই শক্তি রয়েছে যে, আপনারা এই সংসারকে এক মহান উপলব্ধি প্রদান করতে পারেন!

◆——◆

শ্রী গণেশ হচ্ছেন সংসারের সব থেকে বড় ম্যানেজমেন্ট গুরু!

আমি যখনই ভগবান শ্রী গণেশকে দেখি... আমার মনের মধ্যে অনেক প্রকারের বিচার উৎপন্ন হয়! গণেশ জী-র শারীরিক গঠন ভগবানের এক বিশিষ্ট রচনা!

হয়তো ভগবান শ্রী গণেশকে সৃষ্টির রচয়িতা আমাদের, সাধারণ মনুষ্যকে প্রেরণা দেওয়ার জন্য বানিয়েছিলেন... এজন্যই উনি হাজারো রূপে, হাজারো রং-য়ে আর লাখো আকারে ঘরে-ঘরে ব্যাপ্ত হয়ে রয়েছেন!

প্রচুর লোক-ব্যবহার, লীডারশিপ আর ম্যানেজমেন্ট পুস্তক পড়ার জায়গায় আমরা যদি কেবলমাত্র শ্রী গণেশের থেকে প্রেরণা গ্রহণ করি... তাহলে আমাদের ভেতরের সর্বশ্রেষ্ঠ লীডার আর ম্যানেজার বাইরে বেরিয়ে আসবে! সমস্ত ব্যর্থতা আপনা থেকে পালিয়ে যাবে এবং সফলতা আমাদের চরণ স্পর্শ করবে!

গণেশ জী-র বড় মাথা

গণেশ জী-র অস্বাভাবিক রূপে বড় মাথা আমাদের এটা জানায় যে, আমরা বড় চিন্তা করব... বেশী শিখব... বেশী জ্ঞান নিজেদের মস্তিষ্কে স্টোর করব আর বড় স্বপ্ন সাকার করে তুলব!

গণেশ জী-র ছোট-ছোট চোখ

গণেশ জী-র ছোট চোখ এই বার্তা প্রদান করে যে, আমরা এদিক-ওদিক ঘুরে বেড়ানোর পরিবর্তে একাগ্র হয়ে নিজেদের লক্ষ্যের প্রতি মনোযোগ দেব,

সূক্ষ্মতার সাথে কাজ করব এবং আশপাশে তীক্ষ্ম দৃষ্টি রাখব... যাতে ভবিষ্যত সংকটের ব্যাপারে আমরা আগে থেকেই জানতে পেরে যাই!

গণেশ জী-র বড় কান - ছোট মুখ

শ্রী গণেশের বড় কান আমাদের এটা বলে যে, আমরা বেশী শুনব আর ওনার ছোট মুখ এই বার্তা প্রদান করে যে, আমরা কম কথা বলব! সোজা গণিত এটা বলে যে, এক গুণ বললে তিন গুণ শোনা উচিত! বেশী কথা বলতে থাকা লোকেরা নিজেদের প্রভাব শীঘ্র হারিয়ে ফেলেন আর তাঁদের কথাকে সিরীয়াসলী নেওয়া হয় না! বেশী কথা বললে শত্রুর সংখ্যাও বেড়ে ওঠে... আপনাদের সব দুর্বলতা আর রহস্য সামনে এসে পড়ে! এর ঠিক বিপরীত কম কথা বলা বা মৌন হয়ে থাকা ব্যক্তিকে বুদ্ধিমান বলা হয়ে থাকে! অন্যদের কথা বেশী শুনলে আপনারা অন্যদের ভালো করে বুঝতে পারবেন, অন্যরাও আপনাদের নিজের বন্ধু বলে মনে করবেন আর আপনাদের সম্মান করা হবে!

গণেশ জী-র লম্বা নাক

শ্রী গণেশের লম্বা নাক আমাদের এটা বলে যে, আমরা সব জিনিষকে শুঁকে দেখব... সেটার গন্ধ চিনে নেব! ম্যানেজমেন্টের ভাষায় বলতে গেলে, পরিস্থিতিকে আগে থেকে বুঝে নেব! বিপত্তি বা প্রতিকূল পরিস্থিতি আসার আগেই আমরা সতর্ক হয়ে উঠব! অন্যদের মনোভাবকে, তাঁদের মস্তিষ্ককে, তাঁদের ভালো-মন্দ বিচারকে বুঝতে পারব! গণেশ জী-র লম্বা নাক এটাও বলে যে, এদিক-ওদিক সুযোগ খুঁজে বেড়ান... সেগুলোকে চিনে নিন আর সফলতা প্রাপ্ত করুন!

গণেশ জী-র বড় পেট

গণেশ জী-র বড় পেট এমনটা বলে যে, ভালো আর খারাপ – সব কিছুই হজম করে নেওয়া উচিত! ব্যর্থতায় বেশী দুঃখ পাওয়া উচিত নয় আর সফলতার দম্ভও করা উচিত নয়! নিজের কথা, নিজের যোজনা আর রহস্য নিজের ভেতরেই রাখা উচিত!

আমরা দৈনন্দিন জীবনে সব কিছুই উল্টো করি! আমরা কম শিখি আর নিজেকে বেশী মনে করি... মস্তিষ্কে নতুন বিচারকে প্রবেশ করতে দিই না আর পূর্বাগ্রহে গ্রস্ত হয়ে থাকি! আমরা কম শুনি আর বেশী বলি! এর ফলে সম্পর্ক নষ্ট হয়ে পড়ে... গুরুত্ব কম প্রাপ্ত হয় এবং অন্যদের

বোঝার সুযোগই পাওয়া যায় না !

আমরা একাগ্রচিত্ত হই না ! একটা কাজে মন দেওয়ার বদলে আমাদের মন এদিক-ওদিক ঘুরে বেড়াতে থাকে ! অস্থিরতার কারণে সব দিকেই লোকসান হয় ! আমাদের কাছে থাকে কম... আমরা দেখাই বেশী ! কোন কাজ শেষ হওয়ার আগেই আমরা ঢাক পেটানো শুরু করে দিই ! বিচারকে, উত্তেজনাকে, ক্রোধকে, অসম্মতিকে আমরা হজম করে উঠতে পারি না... যার ফলে প্রায় শেষ হয়ে আসা কাজও নষ্ট হয়ে পড়ে ! শ্রী গণেশের বড় পেট বলে – "সব কিছু হজম করে নাও !"

পুস্তক পড়ে প্রেরিত হওয়ার মত সময় না থাকলে এক সফল লীডার, ম্যানেজার বা ব্যক্তি হয়ে ওঠার জন্য শ্রী গণেশের থেকে প্রেরণা গ্রহণ করে আমরা সফলতার শীর্ষে পৌঁছতে পারি !

পিটার ড্রাকর, ডেল কারনেগী, জিগ জিগ্লার,
দীপক চোপড়া – সবার সিদ্ধান্তের নির্যাস
বার করলে সৃষ্টিকর্তার অপূর্ব রচনা
"শ্রী গণেশ"-ই সামনে আসবেন !

53

সাথীদের ব্যাপারে পূর্বাগ্রহ রাখবেন না !

নতুন লোকেদের যুক্ত করার সময় প্রায়ই আপনাদের মনে এমন বিচার আসে – অমুক ব্যক্তি দমদার... অমুকের গণ্ডী যথেষ্ট বড়... অমুক ব্যক্তি কথাবার্তায় প্রচণ্ড স্মার্ট... অমুক ব্যক্তি উঁচু পদে রয়েছেন ইত্যাদি-ইত্যাদি...!

সেই সব ব্যক্তিরা আপনাদের সাথে যুক্ত হয়ে পড়লে তাঁদের প্রতি আপনাদের আশা অনেকটাই বেড়ে ওঠে আর আপনারা তাঁদের প্রতি বিশেষ ব্যবহার করতে থাকেন! তাঁদের প্রতি আপনাদের এই বিশেষ ব্যবহারকে আপনাদের অন্য সহযোগীরাও দেখেন। যখন এই সব লোকেরা সফল হতে পারেন না, আপনাদের সাথে সক্রিয় হতে পারেন না, আপনাদের আশার অনুরূপ পরিণাম প্রদান করতে পারেন না... তখন আপনারা নিজেদের বিজনেস ডুবে যেতে দেখতে পান! আপনারা তাঁদের ওপরে আরও বেশী চাপের সৃষ্টি করেন, তাঁদের আরও বেশী করে প্রেরিত করতে থাকেন... কিন্তু আপনাদের বেশীর ভাগ প্রচেষ্টাই ব্যর্থ হয়ে পড়ে! আপনাদের আত্মবিশ্বাস ভেঙে পড়তে থাকে!

দাঁড়ান... আপনারাও কি লোকেদের ওপরে প্রয়োজনের তুলনায় বেশী বিশ্বাস করছেন, তাঁদের সাথে বিশেষ ব্যবহার করছেন, তাঁদের ভবিষ্যতের তারকা হিসেবে মনে করছেন, তাঁদের চক্করে অন্য সাধারণ সহযোগীদের উপেক্ষা করছেন!

নিজেদের সামলে নিন... এই বিজনেসের গণিত অনুসারে আপনাদের ব্যর্থ হওয়ার সম্ভাবনা বেশী! এই প্রণালীতে সেই সব লোকেরাই সফল হন... যাঁরা লাগাতার লেগে থাকেন... যাঁরা 'না' শুনেও অপমানিত অনুভব করেন না আর যাঁরা শেখায় বিশ্বাস রাখেন! একটু সাধারণ লোক-ব্যবহারের জ্ঞান আর অত্যন্ত বেশী নিষ্ঠাই হচ্ছে এই বিজনেসের ড্রাইভার!

যদি এই সমস্ত গুণ কোন ব্যক্তির মধ্যে বিদ্যমান হয়ে থাকে, তাহলে

এই ব্যাপারে কোন পার্থক্যই হয় না যে, সেই ব্যক্তির গণ্ডী বড় না ছোট... তিনি উঁচু পদে কাজ করেন না ছোট পদে... তিনি প্রভাবশালী না সাধারণ! এই সব কিছুই গুরুত্বহীন হয়! এই আভ্যন্তরীণ গুণের কারণে প্রায়ই নেটওয়ার্ক প্রণালীতে "ডার্ক হর্স"-রা বিজয়ী হন অর্থাৎ এমন লোকেরা জয়ী হন... যাঁদের ওপরে কেউ বাজী ধরেন না!

সাধারণ লোকেদের শীর্ষে আরোহণ করতে দেখে অন্য লোকেরা চকিত হয়ে ওঠেন... তাঁদেরকে ঈর্ষা করেন... তাঁদের নামে বিভিন্ন প্রকারের গুজব ছড়ান... তাঁদের বিরোধিতাও করেন – কিন্তু প্রকৃতির নিয়ম অনুসারে ধীরে-ধীরে তাঁরা আপনাদের উচ্চতাকে স্বীকার করে নেন!

এজন্য নিজেদের সাথীদের সাথে আলাদা-আলাদা ধরণের ব্যবহার করবেন না! কারো প্রতি একটু বেশী স্নেহ প্রদর্শন করার মধ্যে খারাপ কিছু নেই... কিন্তু ভুলের জন্য সমালোচনা করা আর কৃতিত্বের জন্য প্রশংসা করা – এসবে কখনো সৎ মায়ের মত ব্যবহার করবেন না!

নতুন লোকেদের যুক্ত করার সময়, তাঁদের সাথে ব্যবহার করার সময় কখনোই কারো প্রতি পূর্বাগ্রহে গ্রস্ত হয়ে সফল-অসফল, বিশেষ-সাধারণ ইত্যাদি লেবেল লাগাবেন না! আপনারা যদি কারো মধ্যে কোন অতিরিক্ত গুণ অনুভব করেন আর কাউকে দুর্বল মনে করেন... তাহলেও নিজের এমন ভাবনাকে নিজের ভেতরেই রাখুন!

◆——◆

5 Plans a day... Keep bouncing Cheques away!

আপনারা এই প্রাচীন প্রবাদবাক্যটা নিশ্চয়ই শুনে থাকবেন ঃ-
One apple a day...
Keeps the doctor away!

ঠিক তেমনই নেটওয়ার্ক মার্কেটিং প্রণালীতেও এক প্রবাদবাক্য আছে ঃ-
5 Plans a day...
Keep bouncing cheques away!

আপনারা যদি প্রতি দিন 5-জন নতুন লোককে প্ল্যান দেখান... তাহলে আপনাদের ব্যাঙ্ক ব্যালান্স কখনো কমে আসবে না এবং আপনাদের চেক কখনো এ্যাকাউন্টে পর্যাপ্ত ব্যালান্স না থাকার কারণে বাউন্স হবে না !

আমরা যদি নেটওয়ার্কিং নিয়ম দেখি... তাহলে যে ব্যক্তি এক দিনে 5-জন লোককে প্ল্যান দেখান... তিনি এক মাসে 150-জন লোককে প্ল্যান দেখান !

কম করেও চিন্তা করলে সেই 150-জন লোকের মধ্যে 20-জন লোক এই বিজনেসের সাথে যুক্ত হতে বা উৎপাদন কিনতে রাজী হয়ে পড়েন ! এই 20-জন লোক এক বছরে 200-জন লোকে বদলে যান আর তাঁরা সকলে মিলে এই সংখ্যাকে হাজার আর লাখে বদলে দেন !

কিন্তু প্রতি দিন 5 প্ল্যান দেখানো সহজ কথা নয় !
এর জন্য দৃঢ় নিশ্চয়তা আর জবরদস্ত
মেহনতের প্রয়োজন হয়,
লোকেদের 'না' শোনার মত সাহস থাকা উচিত !
আপনারা কয়েক মাসের জন্য এমন সাহস দেখালে
সেই কয়েকটা মাস আপনাদের জীবনের বাকী বছরগুলোর
ভাগ্য বদলে দিতে পারে !

নিজেদের লম্বা-চওড়া লিস্ট বার করুন আর লোকেদের প্ল্যান দেখানোর জন্য বেরিয়ে পড়ুন !

আর হ্যাঁ, ব্যর্থতায় ঘাবড়ে উঠবেন না... কারণ নেটওয়ার্ক মার্কেটিং-য়ে যে ব্যক্তি যত বেশী বার ব্যর্থ হন, তিনিই শেষে বিজয়ী হন ! বেশী বার ব্যর্থ হওয়ার অর্থ হচ্ছে এই যে, আপনারা বেশী প্রচেষ্টা করেছেন... বেশী সংখ্যক লোকেদের সাথে কথা বলেছেন !

বেশী লোকেদের প্ল্যান দেখালে গড়পড়তার নিয়ম অনুসারে আপনাদের সফলতা অবশ্যই প্রাপ্ত হবে !

55

ব্যুমেরাং ফিরে আসবে!

প্রাচীন যুগে লোকেরা পাখী শিকার করার জন্য ব্যুমেরাং-য়ের ব্যবহার করতেন! ব্যুমেরাং নিজের কাজ করে আবার একবার সেটার মালিকের কাছে ফিরে আসে!

ঠিক সেই প্রকার জীবনও
ব্যুমেরাং-য়ের সিদ্ধান্তে চলে!
আপনারা অন্যদের যেটা প্রদান করেন,
সেটা আপনাদের কাছেই ফিরে আসে!

আপনারা অন্যদের সাথে যেমন ব্যবহার করেন... তাঁরাও আপনাদের সাথে ঠিক তেমনই ব্যবহার করেন! আপনারা অন্যদের তাঁদের কাজের জন্য কৃতিত্ব প্রদান করলে তাঁরাও আপনাদের কৃতিত্ব প্রদান করেন! আর আপনারা তাঁদের কৃতিত্ব কেড়ে নিলে, তাঁরাও সুযোগ পেলে ঠিক তেমনটাই করেন!

আপনারা যে জিনিষটা সব থেকে বেশী করে চান... সেটা সবার সাথে বেশী করে ভাগ করে নিন! আপনারা যদি এমনটা চান যে, অন্যরা আপনাদের ব্যক্তিত্বকে, আপনাদের মনের ভাবনাকে বুঝুক... তাহলে তার জন্য আগে আপনাদের অন্যদের মনের ভাবনাকে বুঝতে হবে!

আপনারা যদি এমনটা চান যে, অন্যরা আপনাদের মুশকিলের সময়ে আপনাদের সহায়তা করুক... তার জন্য আপনাদের তাঁদের সংকটে তাঁদের পাশে গিয়ে দাঁড়াতে হবে!

প্রেম চাইলে, প্রেম বিলি করুন,
তিরস্কার চাইলে, তিরস্কার বিলি করুন!

কর্মঠ লোক চাইলে
অন্যদের প্রতি কর্মঠতা দেখান !

সততা চাইলে
তাঁদের প্রতি সততা দেখান !

নিজের গ্রুপে অনুশাসন চাইলে
নিজে অনুশাসনের পালন করুন !

নেটওয়ার্ক মার্কেটিং-য়ে ব্যুমেরাং সিদ্ধান্তের অত্যন্ত বেশী গুরুত্ব রয়েছে ! যদি আপলাইন সজাগ থাকে, স্পষ্ট লক্ষ্য বানিয়ে চলে... তাহলে সেটার প্রভাব নীচ পর্যন্ত পৌঁছে যায় !

আপলাইন মৃদুভাষী হলে, ব্যবহারিক হলে সেই গ্রুপের সদস্যদের ব্যবহারে সেটা দেখতে পাওয়া যায় ! আপনারা যা করেন আর আপনারা যা বলেন... অধিকাংশ ক্ষেত্রে সেটাই আপনাদের গ্রুপের দ্বারা পুনরাবৃত্তি করা হয় !

সব থেকে বড় কথা হচ্ছে এটা যে, আপনারা যদি সফলতা চান... তাহলে অন্যদের সফলতা প্রদান করার চেষ্টা করুন ! সেই সব লোকেরা আপনা থেকে আপনাদের জন্য মেহনত করবেন !

আপনারা যদি নিজেদের ভালো চান... তাহলে এই প্রণালীতে অন্যদের ভালো করুন... যেমনটা আমি এর আগেও বলেছি – *"পরহিত দ্বারা স্বহিত সাধন করুন !"*

56

লোকেদের একটু ভালো অনুভব করান !

লোকেরা তাঁর সাথেই বিজনেস করতে চান... যিনি হৃদয়ের দিক থেকে ভালো ! আমরা সেই ব্যক্তিকেই পছন্দ করি... যাঁর সাথে থেকে বা যাঁর কথা শুনে আমাদের ভালো অনুভব হয় !

আমরা এমন লোকেদের সান্নিধ্য এড়িয়ে চলি... যাঁরা সর্বদা অন্যের সমালোচনা করেন, অন্যদের দোষ-ত্রুটি খুঁজে বার করার চেষ্টা করেন বা কটু বাণী বলেন !

আমি, আমার পত্নী আর আমাদের ছেলে অভিজ্ঞান প্রায়ই এক হোটেলে ডিনার করার জন্য যাই ! সেখানে বাচ্চাদের ঝোলার জন্য দু-তিনটে দোলনা আছে ! সেখানে যাওয়ামাত্র হোটেলের কেয়ারটেকার তৎক্ষনাত আমার ছেলেকে সেই সব দোলনার দিকে ডাকে ! গাড়ী পার্ক করামাত্র গার্ড এক জোরালো স্যালুট ঠোকে আর গাড়ীর দরজা খোলার জন্য দ্রুত ছুটে আসে !

সীটে বসামাত্র বেশ কিছু ওয়েটার আর হোটেলের ম্যানেজার অভিবাদন জানান... তা সেই সময় তাঁরা যে টেবিলেই সার্ভ করতে ব্যস্ত থাকুন না কেন ! এমন নয় যে, সেই হোটেলে বিশেষ কোন ব্যাপার আছে... কিন্তু সেখানকার সকল কর্মচারীদের ব্যবহার এতটাই ভালো হয় যে, সেখানে যাওয়াটা এক সুখকর অভিজ্ঞতা হয়ে ওঠে ! আমার ছেলে হোটেলে যাওয়ার কথা শুনেই বলে – "স্লাইডওয়ালা হোটেলে যাব, বাবা !"

ঠিক এই প্রকার জীবনে অন্যদের ভালো অনুভব করানোর জন্য প্রচুর ভৌতিক জিনিষের প্রয়োজন হয় না... মিথ্যে প্রশংসারও আবশ্যকতা হয় না !

আপনারা কেবল ভালো ব্যবহার করেও অন্যদের ভালো অনুভব করাতে পারেন ! বড় কোম্পানী আর সংস্হায় কাস্টমার রিলেশনশিপের ওপরে প্রচুর

প্রশিক্ষণ ওয়ার্কশপ চালানো হয় ! কাগজে-কলমে **'কাস্টমার ফার্স্ট'** বলা হয়... কিন্তু সেই কোম্পানীর একজন ডীলারের দোকানে পৌঁছলে এক অল্পশিক্ষিত সেল্সম্যান ব্যবহারিক হন না ! হয় তাঁর কথা বলার শৈলী অভদ্র হয়, নয়তো তিনি কাস্টমারের সাথে ভালো ব্যবহার করেন না আর কাস্টমার কিছু না কিনেই দোকান থেকে বেরিয়ে চলে আসেন ! তা সেই কোম্পানীর উৎপাদন যত ভালোই হোক না কেন... সেল্সম্যানের অভদ্র ব্যবহারের কারণে উত্তেজিত হয়ে ওঠা কাস্টমার কিছু কেনার ইচ্ছা বদলে ফেলেন !

অন্য দিকে কোন সাধারণ উৎপাদনও ভালো সেল্সম্যানের মাধ্যমে সহজেই বিক্রী হয়ে পড়ে ! কাস্টমারের যেহেতু সেই সেল্সম্যানের ব্যবহার ভালো লাগে... তাই উৎপাদনও তাঁর মনে ধরে ! এটাই হচ্ছে মানব-কেমিস্ট্রী !

কেবলমাত্র নেটওয়ার্কিং-ই নয়... জীবনের যে কোন
ক্ষেত্রে অন্যদের ভালো অনুভব করান !
অন্যদের সাথে ভালো ব্যবহার করার সময় এমনটা
ভাববেন না যে, সেই ব্যক্তিকে এর পরে আর কখনো
আপনার প্রয়োজন পড়বে কি না ?
এই দুনিয়া অত্যন্ত ছোট ! কখন কার প্রয়োজন পড়ে যায়...
কখন যে কার সহায়তার প্রয়োজন পড়ে...
সেটা কেউ-ই বলতে পারে না !

সর্বদা এটা মাথায় রাখবেন যে, আপনারা থাকুন আর না-ই থাকুন... আপনাদের ভালো ব্যবহার সর্বদাই অন্যদের মস্তিষ্কে স্হান করে নেয় !

এক-একটি পদক্ষেপ ঃ
সফলতার দিকে!

আমরা প্রায়ই এজন্য নিরাশ হয়ে উঠি... কারণ আমরা একই ঝটকায় সব কিছু পেয়ে যেতে চাই! আমাদের মধ্যে অপেক্ষা করার মত ধৈর্য্য থাকে না!

রাস্তায় বাধা আর মুশ্কিল আসামাত্র আমাদের পা দুটা থরথর করে কাঁপতে থাকে, আমরা সাহস হারিয়ে ফেলতে থাকি আর এমন অবস্থায় যদি কেউ আমাদের সেই কাজটা ছেড়ে দেওয়ার পরামর্শ দেয়... তাহলে আমরা তৎক্ষনাত সেই কাজটাকে মাঝপথেই ছেড়ে দিই! আমরা পরিস্হিতি আর পরিবেশকে দোষ দিতে থাকি আর স্বান্তনা পাওয়ার জন্য অন্য কোন ব্যক্তির কাঁধের সন্ধান করি!

অদ্ভূত ব্যাপার হচ্ছে যে, আমাদের মন জানে যে,
যে পরিণাম এসেছে... সেটার জন্য
আমরা নিজেরাই দায়ী... কিন্তু
আমরা নিজেদের মনকেও ধোঁকা দিই!
সফলতা কোন রসগোল্লা হয় না যে,
তুললাম আর মুখে ঢুকিয়ে দিলাম!

কোন পর্বতারোহী এটা ভালো করেই জানেন যে, পর্বতের চূড়া কতটা উঁচু! তিনি এক-একটি পদক্ষেপ নিয়ে সেই চড়াই চড়েন! তিনি প্রতিটি পদক্ষেপ অত্যন্ত সতর্কতার সাথে ওঠান... কারণ একটি ভুল পদক্ষেপ প্রাণঘাতী হয়ে উঠতে পারে! পর্বতারোহণ শুরু করার আগে তিনি নিজের ব্যাগে খাবার জিনিষ, ওষুধ, জল আর অন্যান্য জরুরী পরিস্হিতির জিনিষ একত্রিত করে নেন... কারণ তিনি এটা খুব ভালো করেই জানেন যে, চড়াই চড়ার সময় মুশ্কিল আসতে পারে! ঠিক সেই প্রকার আপনারা বড় কোন কৃতিত্ব প্রাপ্ত করার জন্য নিজেদের প্রস্তুত করে তুলুন... কারণ আপনরা এটা জানেন যে, আপনাদের পথেও জানা-অজানা বাধা আসতে পারে!

কোন ব্যক্তি এক ঝটকায় পর্বতের চূড়োয় পৌঁছতে পারেন না! চড়ার জন্য তাঁকে সবার আগে *"প্রথম পদক্ষেপ"* ওঠাতে হয়! ঠিক সেই প্রকার জীবনেও প্রতিটি মহান কৃতিত্ব প্রাপ্ত করার জন্য প্রথম পদক্ষেপ আমাদের নিজেদেরকেই ওঠাতে হয়!

প্রথম পদক্ষেপ ওঠান!

সম্পূর্ণ বিশ্বাস আর সমর্পণের সাথে এই পদক্ষেপ ওঠান! প্রথম পদক্ষেপ ওঠানো মাত্রই বিজেতাদের শ্রেণীতে আপনাদের প্রবেশ হয়ে পড়ে... কারণ দুনিয়ার সব থেকে বড় ব্যক্তিও প্রথম পদক্ষেপ থেকেই শুরু করেছিলেন! আপনারা যদি প্রথম পদক্ষেপ নিতে ভয় পান, আপনারা যদি প্রথম পদক্ষেপ না নিতে পারেন... তাহলে পেছন থেকে অন্য কেউ এগিয়ে এসে আপনাদেরকে পেছনে ফেলে এগিয়ে যাবে!

ছোট-ছোট পদক্ষেপ নিতে থাকুন!

প্রথম পদক্ষেপ নেওয়ার পরে ছোট-ছোট পদক্ষেপ ফেলে এগিয়ে যেতে থাকুন! এই ছোট-ছোট পদক্ষেপ এক সাথে মিলেই বড় দূরত্ব পার করে... ছোট-ছোট ফুল মিলেই বিরাট বড় বাগানের সৃষ্টি হয়... ছোট-ছোট নদী এক সাথে মিলেই বিশাল সাগর বানায়! ছোট পদক্ষেপকে *'ছোট'* মনে করবেন না... এটা বড় পদক্ষেপের এক অংশ হয়!

প্রতিটি ছোট পদক্ষেপ আপনাদেরকে আপনাদের স্বপ্নের আরও কাছাকাছি নিয়ে যায়... প্রতিটি ছোট পদক্ষেপ আপনাদেরকে আপনাদের গন্তব্যের আরও কাছে পৌঁছে দেয়!

54

নিজের শ্রদ্ধাঞ্জলি লিখুন!

একটা দৃশ্যের কল্পনা করুন – আপনারা স্বর্গলোকে গমন করেছেন আর আপনাদের উদ্দেশ্যে শ্রদ্ধাঞ্জলি জ্ঞাপন করার অনুষ্ঠান চলছে! একের-পর-একজন এসে আপনাদের ব্যাপারে নিজের মতামত ব্যক্ত করছেন! কল্পনা করুন, সেই সব লোকেদের থেকে আপনারা নিজেদের শ্রদ্ধাঞ্জলিতে ঠিক কি শুনতে চান! লোকেদের ফিস্ফিসানির প্রতি মনোযোগ দিন! আপনারা লোকেদের ফিস্ফিসানিতে ঠিক কি শুনতে চান? হতে পারে যে, লোকেরা নিজেদের মধ্যে এই প্রকারের মতামত ব্যক্ত করতে পারেন!

◆ এই লোকটা অত্যন্ত ধনী ব্যক্তি ছিল... কিন্তু মহা কঞ্জুসও ছিল! এর নিজের পরিবারও নিশ্চয়ই এর মৃত্যুতে খুশী হয়ে উঠেছে!

◆ এই লোকটা অত্যন্ত প্রতিভাশালী ছিল... কিন্তু এ সারাটা জীবনে কোন কাজ ঠিক ভাবে করেনি! এর অলসতার শাস্তি এর পরিবারকে ভুগতে হবে!

◆ এই লোকটা সমৃদ্ধ ছিল, শক্তিশালী ছিল... কিন্তু এ জীবনে কখনো কারো সহায়তা করেনি! আজ এজন্য এর শ্রদ্ধাঞ্জলি অনুষ্ঠানে খুব বেশী হলে 20-জন লোক উপস্থিত হয়েছে!

চিন্তা করুন... আপনি নিজের কবরের
কাছে কাকে দেখতে চাইবেন?
আপনার উকিল, আপনার স্টক ব্রোকার,
ইন্কাম ট্যাক্স অফিসার, ব্যাঙ্কের লোক,
পাওনাদার... না কি
আপনাকে আন্তরিক ভাবে ভালবাসতে
থাকা লোকেদের ভীড়!

প্রিয় বন্ধুরা! মৃত্যুর পরে আপনারা নিজেদের যে রূপে বাঁচিয়ে রাখতে চান... আজ থেকেই নিজেদের প্রতিটি দিন সেই ভাবে কাটানো শুরু করে দিন !

আপনারা যদি এমনটা চান যে, লোকেরা আপনাদের অন্যদের সহায়কের রূপে মনে রাখুক... তাহলে আজ থেকেই অন্যদের সহায়তা করা শুরু করুন ! আপনারা যদি নিজেদের এক ভালো বন্ধুর রূপে বাঁচিয়ে রাখতে চান... তাহলে আজ থেকেই ভালো বন্ধু বানানো শুরু করে দিন আর তাঁদের সাথে মূল্যবান মুহূর্ত কাটান ! আপনারা যদি সমাজ সেবকের রূপে লোকেদের মনে টিকে থাকতে চান... তাহলে আজ থেকেই নিঃস্বার্থ রূপে সমাজ সেবা শুরু করে দিন !

আপনারা যদি নিজেদের নামকে অমর করে তুলতে চান... তাহলে মৃত্যুর পরে নিজের নামে হাসপাতাল, স্কুল বা লাইব্রেরীর ব্যবস্থা এখন থেকেই করে রাখুন ! এমনটা চিন্তা করবেন না যে, আপনারা মৃত্যুর সময় অনেক টাকা রেখে যাবেন আর আপনাদের সন্তান এই সব কাজ অবশ্যই করবে ! কারো ওপরে ভরসা করবেন না... সমস্ত প্রস্তুতি নিজেই করে যান !

আপনারা যদি এক ভালো পিতা আর বুদ্ধিমান পতির রূপে নিজেদেরকে অমর করে রাখতে চান... তাহলে নিজের সন্তানদের সাথে, নিজের পত্নীর সাথে সময় কাটান ! প্রেম আর আপনত্ব দ্বারা তাঁদের মধ্যে সংস্কারের সৃষ্টি করুন ! নিজেরা তাঁদের 'রোল মডেল' হয়ে উঠুন !

আজ আর এখন থেকেই নিজের শ্রদ্ধাঞ্জলি
অনুষ্ঠানের রূপরেখা প্রস্তুত করুন
আর প্রতিটি দিন সেই দিকে
এক পা এগিয়ে চলুন !

নিশ্চিত রূপে জীবনে আপনাদের দ্বারা ভুল কাজ হওয়া বন্ধ হয়ে পড়বে আর আপনাদের চিন্তাধারাও অনেকটাই বিস্তৃত হয়ে পড়বে !

59

কিসের রাগ, কিসের উত্তেজনা !

আমার এক অত্যন্ত রাগী বন্ধুর পত্নী একদিন আমাকে প্রশ্ন করলেন – "ডাঃ উজ্জ্বল! আপনি আমার স্বামীর ক্লাস নিন... ওনার কাউন্সেলিং করুন! উনি সারা দিন ছোট-ছোট ব্যাপারে রাগ করতে থাকেন। ওনার জন্য গোটা বাড়ী জুড়ে টেনশনের সৃষ্টি হয়ে পড়ে। পরিবারে কেউ প্রাণ খুলে হাসতে পারে না... সবাই সব সময় বাড়ীর বাইরে বেরিয়ে যাওয়ার রাস্তা খুঁজতে থাকে !"

আমি আমার সেই বন্ধুকে একদিন একান্তে ডেকে পাঠালাম আর ওনার সাথে এই ব্যাপারে আলোচনা শুরু করলাম! প্রথমে তো উনি কোন উত্তর দিলেন না... তারপর উনি ধীরে-ধীরে নিজের কথা বলতে শুরু করলেন! প্রায় আধ ঘন্টা পর্যন্ত চলা আমাদের সেই আলোচনার সারাংশ এটা ছিল যে, পরিবারের ব্যাপারে আর কোন সদস্য চিন্তা করে না... সব ব্যাপারে ওনাকেই চিন্তা করতে হয়... বাড়ী-ঘর পরিস্কার থাকে না ইত্যাদি-ইত্যাদি !

আমি ওনাকে বললাম – "তুমি যেসব ব্যাপারে সারাটা দিন উত্তেজিত হয়ে ওঠো... সেগুলো সব এক জায়গায় লেখো !" উনি কিছুক্ষন 'না-না' করার পরে সেগুলো সব লিখলেন! দিনের মধ্যে প্রায় 20-বার ওনার রাগ হয় আর উনি পরিবারের আলাদা-আলাদা সদস্যের ওপরে নিজের রাগ প্রকাশ করেছিলেন !

তারপর আমি ওনার থেকে কাগজটা নিয়ে নিলাম আর দুটো কলাম তৈরী করলাম। এক দিকে যেসব ব্যাপার নিয়ন্ত্রণে ছিল আর অন্য দিকে যেসব ব্যাপার নিয়ন্ত্রণের বাইরে ছিল! তারপর রাগের সমস্ত কারণগুলোকে আমরা দুটি শ্রেণীতে ভাগ করলাম। নিষ্কর্ষ দেখে আমরা দুজনেই অত্যন্ত অবাক হয়ে উঠলাম আর আমার বন্ধুর অত্যন্ত অনুতাপ হতে লাগল !

লাইট চলে গেল (নিয়ন্ত্রণের বাইরে)

গাড়ী পাংচার হওয়ায় ছেলের বাড়ী ফিতে
দেরী হল (নিয়ন্ত্রণের বাইরে)

গীজার চালু অবস্হায় রেখে দেওয়া হয়েছিল (নিয়ন্ত্রণের মধ্যে)

পরীক্ষায় মেয়ের নম্বর কম এল
(শরীর খারাপ ছিল) (নিয়ন্ত্রণের বাইরে)

ফোন ঠিক ছিল না (নিয়ন্ত্রণের বাইরে)

তীব্র বৃষ্টি হতে থাকায় অফিস যেতে
পারল না (নিয়ন্ত্রণের বাইরে)

কুরিয়র দেরী করে এল (নিয়ন্ত্রণের বাইরে)

বৃষ্টির কারণে খবরের কাগজ ভিজে গেল (নিয়ন্ত্রণের বাইরে)

চায়ে চিনি দিতে ভুলে গেল (নিয়ন্ত্রণের মধ্যে)

ইত্যাদি-ইত্যাদি !

রাগ হওয়ার 20-টি বিষয়ের মধ্যে প্রায় 15-টি বিষয় এমন ছিল... যেগুলো সরাসরি কারো নিয়ন্ত্রণের মধ্যে ছিল না ! সেই সব বিষয়ের জন্যও আমার সেই বন্ধু নিজের পরিবারের সদস্যদের ওপরে রাগ প্রকাশ করেছিলেন ! ওনার কারণে যেসব বিষয় নিয়ন্ত্রণের মধ্যে ছিল, সেগুলো গৌণ হয়ে উঠেছিল... কারণ সকলে এমনটাই মনে করছিল যে, বিনা কারণে চেঁচামেচি করাটা আমার সেই বন্ধুর একটা অভ্যাস হয়ে উঠেছে ! আমার বন্ধু মূলতঃ বুদ্ধিমান ছিলেন ! উনি তৎক্ষনাত এটা বুঝতে পেরে গেলেন যে, এতদিন উনি কি ভুল করে এসেছিলেন ! কিছু লোক বুদ্ধিমান হন না ! নিষ্কর্ষ যাই আসুক না কেন... তাঁরা নিজেদের বক্তব্যেই দৃঢ় হয়ে থাকেন আর নিজেদেরই ঠিক বলে মনে করতে থাকেন ! আমার সেই বন্ধু কিন্তু নিজেকে পরিবর্তন করার সংকল্প নিলেন... ক্রোধ আর উত্তেজনা দ্বারা সম্পর্ক খারাপ করে তোলার বদলে ধৈর্য্য ধরে সম্পর্ককে সহজ করে তোলার সংকল্প নিলেন !

এর প্রায় দু মাস পরে ওনার ফোন এল !
উনি অত্যন্ত হাল্কা আর প্রসন্নচিত্ত হয়ে উঠেছিলেন !
উনি বললেন – "ভাই ! তোমার 'নিয়ন্ত্রণের বাইরে' সিদ্ধান্ত
শুধু আমার স্বভাবের ওপরেই নয়... আমার ব্যবসার
ওপরেও জবরদস্ত ইতিবাচক প্রভাব বিস্তার করেছে !"

ধন্যবাদ, বন্ধু !

ক্রোধ বা উত্তেজনা দ্বারা আজ পর্যন্ত কেউ কিছুই হাসিল করতে পারেননি! এটা হচ্ছে নিজের আপন জনেদের আঘাত করার আর তাঁদের সাথে সম্পর্ক খারাপ করে তোলার এক অত্যন্ত সহজ পদ্ধতি! উচ্চ রক্তচাপ আর হার্ট এ্যাটাককে ডেকে নিয়ে আসার আমন্ত্রণ পত্র!

জীবনে প্রতিটি নির্ণয় নেওয়ার আগে আপনারা একবার এমনটা চিন্তা করে নিন যে, অমুক জিনিষটা আমার নিয়ন্ত্রণের মধ্যে রয়েছে... না নিয়ন্ত্রণের বাইরে! যদি সেটা আপনাদের নিয়ন্ত্রণের মধ্যে থাকে... তাহলে সেটাকে সংশোধন করার চেষ্টা করুন আর সেটা আপনাদের নিয়ন্ত্রণের বাইরে থাকলে সেটা নিয়ে অযথা চিন্তা করে কি লাভ? এর পরে আপনারা জীবনে আর কখনো কোন অনাবশ্যক ব্যাপারে রাগ করবেন না আর অন্য লোকেদের সাথে আপনাদের সম্পর্ক আরও বেশী উন্নত হয়ে উঠবে! আমরা এমন লোকেদের সান্নিধ্য এড়িয়ে চলি... যাঁরা সর্বদা অন্যের সমালোচনা করেন, অন্যদের দোষ-ত্রুটি খুঁজে বার করার চেষ্টা করেন বা কটু বাণী বলেন!

নেটওয়ার্ক সতর্কবাণী

ভুল করেও কখনো অন্য গ্রুপ,
অন্য লীডার বা অন্য কোম্পানীর
সরাসরি নিন্দা করবেন না !
কখন যে সেই নিন্দা ব্যুমেরাং হয়ে
আপনাদের শিকার করে নেবে,
আপনারা জানতেও পারবেন না
আর আপনারা হতপ্রভ
হয়ে উঠবেন !

বডি ল্যাঙ্গুয়েজ অবশ্যই শিখুন !

নেটওয়ার্ক মার্কেটিং মূল রূপে বার্তালাপের ওপরে আধারিত হয়। আপনাদের কোম্পানী যত শ্রেষ্ঠই হোক্ না কেন আর আপনাদের কোম্পানীর উৎপাদন যত ভালোই হোক্ না কেন... আপনারা যদি সেগুলোর ভালো গুণকে লোকেদের কাছ পর্যন্ত পৌঁছে দিতে না পারেন, তাহলে আপনারা আশানুরূপ সফলতা হাসিল করতে পারবেন না !

আপনারা যত বুদ্ধিমান আর জ্ঞানীই হোন্ না কেন... এই ব্যবসায়িক প্রণালীতে অন্যদের নিজেদের বক্তব্য বোঝানোর অত্যন্ত বেশী গুরুত্ব রয়েছে ! বার্তালাপ দু প্রকারে হতে পারে ঃ
(01) যেটা আপনারা শব্দ দ্বারা করেন *(ভাবাল ল্যাঙ্গুয়েজ)*
(02) যেটা মুখে কথা না বলে আপনাদের শরীর করে *(বডি ল্যাঙ্গুয়েজ)*

কথা বলার সময় আপনারা শব্দের হেরফের করতে পারেন... কিন্তু যে জিনিষটা আপনারা মুখ দিয়ে বলতে চাইছেন না, আপনাদের শারীরিক ভাষা প্রায় ক্ষেত্রে সেটাও বলে ফেলে ! শারীরিক ভাষা বা বডি ল্যাঙ্গুয়েজের গুরুত্ব বর্তমান সময়ে বিভিন্ন বৈজ্ঞানিক অনুসন্ধান দ্বারা স্হাপিত হয়ে পড়েছে !

যদি নেটওয়ার্কাররা নতুন লোকেদের যুক্ত করার সময় নিজেদের বডি ল্যাঙ্গুয়েজের ইতিবাচক উপযোগ করেন... তাহলে তাঁদের সফলতার শতাংশ অনেক বেশী হবে ! আপনাদের শব্দের ভাষার সাথে-সাথে যদি সঠিক বডি ল্যাঙ্গুয়েজের সামঞ্জস্য স্হাপিত হয়ে পড়ে... তাহলে আপনারা অন্যদের অনেক দ্রুত প্রভাবিত করে তুলতে পারবেন !

প্রভাবশালী বার্তালাপ কলা *(Effective Speaking & Communication Skill)* সেমিনারে বডি ল্যাঙ্গুয়েজের ওপরে আমি বিশেষ দৃষ্টি দিয়ে থাকি ! শ্রোতাদের সাথে আপনাদের আই কন্ট্যাক্ট কেমন,

আপনারা নিজের হাত দুটো দিয়ে কেমন ক্রিয়া করেন, আপনাদের পা দুটো পরস্পরের থেকে কতটা দূরে থাকে, আপনারা কেমন ভাবে দাঁড়ান, আপীল জানানোর সময় বা অভিবাদন জানানোর সময় আপনাদের হাব-ভাব কেমন হয় ইত্যাদির মত অনেক বিষয়ের ওপরে এই সব সেমিনারে আলোচনা হয়!

বডি ল্যাঙ্গুয়েজ বিষয়টা বড়ই বিস্তৃত হয় এবং এই বিষয়ের ওপরে বিশ্বের শ্রেষ্ঠ বডি ল্যাঙ্গুয়েজ বিশেষজ্ঞদের দ্বারা লেখা বই পাওয়া যাচ্ছ! এখানে আমরা সংক্ষিপ্ত রূপে আলোচনা করব... কিন্তু এই বিষয়টার ওপরে ভালো দখল প্রাপ্ত করার জন্য আপনারা সেই সব পুস্তকের সহায়তা অবশ্যই গ্রহণ করুন। আমি এখানে আপনাদের নেটওয়ার্কিং প্রণালীর দৃষ্টিতে বডি ল্যাঙ্গুয়েজের কিছু সাধারণ নিয়মের ব্যাপারে জানাচিছ!

01) প্রসপেক্টের বডি ল্যাঙ্গুয়েজ মনোযোগ সহকারে দেখুন!

এর ফলে আপনারা তাঁর মনোভাব বুঝতে পারবেন! সেটা ইতিবাচক হলে তাঁর সামনে যুক্ত হওয়ার প্রস্তাব রাখতে পারেন আর তাঁর মনোভাব নেতিবাচক হলে সেটা ইতিবাচক হয়ে ওঠার জন্য অপেক্ষা করুন!

02) প্রসপেক্টের চোখে চোখ রেখে কথা বলুন!

ওনার দিকে লাগাতার তাকিয়ে থাকবেন না... কিন্তু কিছুক্ষন পরে-পরে আপনাদের দুজনের চোখাচুখি অবশ্যই হওয়া উচিত! আপনি যদি নিজের কথা বলার সময় অন্য দিকে তাকিয়ে থাকেন... তাহলে আপনাদের কথার ওপরে বিশ্বাস করা হবে না আর প্রসপেক্ট আপনাদের আত্মবিশ্বাসের ওপরে সন্দেহ প্রকাশ করবেন!

03) হাত দুটোকে খোলা রাখুন!

আপনারা যদি দুটো হাতে এক জায়গায় রেখে দাঁড়ান বা নিজের কথা বলার সময় হাতের ওপরে হাত রেখে কথা বললেন... তাহলে সেটা আপনাদের রক্ষাত্মক মুদ্রা হবে! এমন অবস্থায় আপনাদের কথা পুরো বেগের সাথে সামনের ব্যক্তি পর্যন্ত পৌঁছবে না! ঠিক সেই প্রকার যদি সামনের ব্যক্তি (প্রসপেক্ট) হাতের ওপরে হাত রেখে দাঁড়িয়ে থাকেন... তাহলে সেটার অর্থ হচ্ছ এই যে, তিনিও রক্ষাত্মক মুদ্রায় রয়েছেন আর আপনাদের কথা পুরোপুরি স্বীকার করছেন না!

04) মাথা নাড়ান !

কথা বলার সময় মাথা নাড়ানোটা অত্যন্ত সংক্রামক ক্রিয়া হয় ! মাথা নাড়ানো আপনাদের কথায় এক অতিরিক্ত ওজনের সৃষ্টি করে ! আপনারা যদি অন্যদের কোন ব্যাপারে রাজী করাতে চাইছেন, তাহলে কথা বলার সময় সম্মতির মুদ্রায়, 'হ্যাঁ'-য়ের মুদ্রায় মাথা নাড়ান ! সামনের ব্যক্তির মনে আপনা থেকেই সম্মতি সূচক ভাবের সৃষ্টি হবে !

আর আপনারা যদি অন্য কোন ব্যক্তির কথায় অসম্মতি প্রকট করতে চান বা অন্যদের 'না'-য়ের মুদ্রায় নিয়ে আসতে চান... তাহলে অসম্মতি বা 'না'-য়ের মুদ্রায় মাথা নাড়ুন ! অধিকাংশ ক্ষেত্রে মাথা নাড়ানো পরিণামদায়ক প্রভাব বিস্তার করে !

বার্তালাপকে এগিয়ে নিয়ে যাওয়ার জন্য মাথা নাড়ানো এক সেতুর মতই কাজ করে !

05) হাত মেলানোর ওপরে একটু দৃষ্টি দিন !

হাত মেলানোরও কিছু বিশেষ নিয়ম রয়েছে ! মুখে কোন শব্দ না বলে আপনাদের ব্যাপারে ধারণার সৃষ্টি হয়ে পড়ে ! আপনারা যদি হাত মেলানোর সময় একেবারে হাল্কা ভাবে, কোন প্রকারের চাপ না দিয়ে, নিজের হাত শিথিল ভাবে অন্যের হাতে ছেড়ে দেন... তাহলে এমন বার্তা যেতে পারে – আপনারা দুর্বল, নরম হৃদয়ের, নিরুৎসাহী বা অলস !

আপনারা যদি হাত মেলানোর সময় জোরের সাথে সামনের ব্যক্তির হাতে চাপ দেন... তাহলে এমন বার্তা যেতে পারে – আপনারা অহংকারী, শক্তি প্রদর্শনকারী বা অন্যের ওপরে অধিকার স্হাপনকারী !

আপনারা যদি হাত মেলানোর সময় নিজের হাতের পাতা ওপরের দিকে রাখেন... তাহলে এমন বার্তা যেতে পারে – 'তুমি আমার থেকে ভালো', 'তুমি যেমনটা বলবে, আমি তেমনটাই করব' !

সাধারণ ভাবে হাত মেলান... হাল্কা চাপ দিন... এক বা দুবার ওপর-নীচ (Handshake) করুন আর তারপর ছেড়ে দিন ! আপনারা যদি সমানতার সাথে হাত মেলান... তাহলে সেটার অর্থ হয় যে, আপনারা একে-অপরকে পছন্দ করেন !

হাত মেলানোর সময় সামনের ব্যক্তির হাত কখনো নিজের দু হাত দিয়ে চেপে ধরবেন না। এতে এমনটা মনে হয় যে, আপনারা কিছু একটা লুকোবার চেষ্টা করছেন বা আপনাদের মনোভাব ভুল!

06) শোনার বডি ল্যাঙ্গুয়েজ!

অন্যের কথা শোনার সময় আপনারা যদি চেয়ারের পেছনের দিকে হেলান দিয়ে বসে থাকেন... তাহলে এমন বার্তা যেতে পারে যে, সামনের ব্যক্তির বক্তব্য ততটা গুরুত্বপূর্ণ নয় বা আপনারা তাঁর কথা শুনতে চাইছেন না!

অন্যের কথা শোনার সময় আপনারা যদি চেয়ারের পেছনের দিকে হেলান দিয়ে বসে থাকেন, আপনাদের পা দুটো একটার ওপরে অন্যটা থাকে আর আপনারা যদি নিজেদের হাত দুটোকে মাথার পেছনে নিয়ে যান বা হাত দুটোকে নিজেদের ঘাড়ের ওপরে রাখেন... তাহলে এমন বার্তা যেতে পারে – '*আমি হচ্ছি সর্বশ্রেষ্ঠ আর তুমি হচ্ছ তুচ্ছ!*'

এক ভালো শ্রোতা অন্যের কথা শোনার সময় কিছুটা সামনের দিকে ঝুঁকবেন আর নিজের হাতের পাতা থুতনীর ওপরে রাখবেন। অন্যের কথা শোনার সময় মাঝে-মাঝে ভ্রূ দুটোয় টান ভাব আর শিথিলতা আসবে... যার ফলে কথা বলতে থাকা ব্যক্তির মধ্যে আগ্রহের সৃষ্টি হবে!

07) অজানা / অবাঞ্ছিত ক্রিয়া!

মাইকের সামনে বক্তব্য রাখার সময় লোকেদের দিকে দেখুন বা নিজের ভিডিয়ো দেখুন, আপনারা নিজেদের এমন অনেক ক্রিয়া দেখতে পাবেন, যেগুলো আপনারা করতে চাননি... কিন্তু হয়ে পড়েছে! কখনো-কখনো তো আপনারা এটা জানতেও পারেন না যে, আপনারাই সেই কাজটা করেছেন!

উদাহরণ ঃ মাইকের সামনে দাঁড়িয়ে পা নাড়ানো, বার-বার পকেটে হাত ঢোকানো আর বাইরে বার করা, এক পা থেকে অন্য পায়ের ওপরে শরীরের ওজন নিয়ে আসা, প্যান্টের বেল্ট ঠিক করা, নাক মোছা, শার্টের ক্রীজ ঠিক করা, মাথার চুলে হাত বোলানো ইত্যাদি-ইত্যাদি!

এই সব অবাঞ্ছিত ক্রিয়া শ্রোতাদের একাগ্রতা ভঙ্গ করে তোলে! এগুলোকে সংশোধন করার জন্য নিজের ভিডিয়ো রেকর্ডিং দেখুন! নিজের বন্ধু-বান্ধব আর আত্মীয়দের প্রশ্ন করুন! ধীরে-ধীরে চেষ্টা চালিয়ে একদিন আপনারা এগুলোকে অবশ্যই সরিয়ে ফেলতে পারবেন!

নেটওয়াকার্সিদের প্রতি আমার পরামর্শ হচ্ছে এই যে, তাঁরা সাধারণ জীবন আর বার্তালাপে গুরুত্বপূর্ণ বডি ল্যাঙ্গুয়েজের অধ্যয়ণ অবশ্যই করুন! সেগুলোর উপযোগ জীবনে করুন আর নিজেদের সফলতার শতাংশে আসা জবরদস্ত পরিবর্তন লক্ষ্য করুন! বডি ল্যাঙ্গুয়েজের ওপরে লেখা ভালো পুস্তক অবশ্যই অধ্যয়ণ করুন!

◆———◆

সময়ের গুরুত্ব!

সময় আর মৃত্যু – এই দুটো হচ্ছে এই সংসারের শাশ্বত সত্য... এই দুটোকে ফেরানো যেতে পারে না... এই দুটোর সামনে রাজা আর ভিখারী – সকলেই এক সমান!

সময় হচ্ছে এই সংসারের সব থেকে মূল্যবান জিনিষ! সময় না তো কারো জন্য অপেক্ষা করে, না তাকে বাঁধা যায় আর না-ই তাকে বাড়ানো যায়! তবুও সময়ের দুরূপযোগ কম হয় না!

কোন ব্যক্তি এতটা ধনী হন না যে,
তিনি নিজের কেটে যাওয়া সময় কিনতে পারবেন!

আমরা যদি নতুন শিল্প সংস্কৃতিতে বড় হয়ে ওঠা কোম্পানীগুলোর কথা ছেড়ে দিই, তাহলে সাধারণ ভারতীয় শিল্প আর জনসমুদায়ের মধ্যে সময়ের প্রতি সংবেদনশীলতা কমই দেখতে পাওয়া যায়!

এক সাধারণ সাংস্কৃতিক বা ধার্মিক অনুষ্ঠান শুরু হওয়ার সময় যদি সন্ধ্যা 07-টার সময় রাখা হয়... তাহলে সেটা রাত 08:30-টার আগে শুরু হয় না! এই লেট-লতিফি অজান্তে আমাদের অভ্যাস হয়ে উঠেছে আর আমরা গর্ব করে সেটার নাম দিই – **'ইণ্ডিয়ান টাইম'**! আমাদের যদি নিজেদেরকে আর রাষ্ট্রকে বড় প্রতিযোগিতায় জয়ের দিকে নিয়ে যেতে হয়, তাহলে আমাদের সময়ের গুরুত্বকে বুঝতে হবে! এই **'ইণ্ডিয়ান টাইম'**-কে **'বাস্তবিক টাইম'**-য়ের সাথে মেলাতে হবে!

এড়িয়ে চলা

সার্ভের পরিসংখ্যান এটা জানাচ্ছে যে, সাধারণ ভারতীয়দের মধ্যে

এড়িয়ে চলার প্রবৃত্তি বেশী মাত্রায় রয়েছে! এর জন্য অধিকাংশ টেলিফোন বিল, লাইটের বিল, আবেদন পত্র, পরীক্ষার ফর্ম – সব কিছুই শেষ তারিখে জমা হয়! আজও আমাদের দেশে লেট ফাইন ভরা লোকেদের লাইন সব থেকে বেশী হয়! আমরা প্রতি দিন কাজগুলোকে এড়িয়ে চলে এক সাধারণ কাজকে এমারজেন্সী করে তুলি... সেটার চাপও সহ্য করি আর অতিরিক্ত পয়সাও খরচ করি! অলসতা আর এড়িয়ে চলা প্রবৃত্তি দ্বারা অপূর্ণ কাজের স্তূপ তৈরী হয়ে পড়ে আর তারপর সেগুলো শেষ করার চক্করে বেশ কিছু জরুরী কাজ অপূর্ণই থেকে যায়!

এক শীর্ষস্হানীয় বিচারক একবার এক টি.ভি. চ্যানেলে সাক্ষাৎকার দেওয়ার সময় বলছিলেন – *"ভারতের মহিলারা যদি সিরীয়ালের পারিবারিক খটপট দেখা বন্ধ করে দেন... তাহলে মহিলাদের উৎপাদকতা 20% বেড়ে উঠবে আর পারিবারিক কলহও 20% কমে আসবে!"*

এক ম্যানেজমেন্ট বিশেষজ্ঞের রূপে আমি সর্বদাই এমনটা বলি যে, সরকারী অফিসগুলোয় চায়ের মেশিন লাগিয়ে দেওয়া হলে বা কর্মচারীদের চা পান করার জন্য বাইরে যাওয়া নিষেধ করে দেওয়া হলে প্রতিটি কর্মচারীর কার্য ক্ষমতায় 45 মিনিটের বৃদ্ধি হবে!

সারাংশ হচ্ছে এই যে, সময়কে আমাদের সোনার মতই মূল্যবান মনে করতে হবে আর ঠিক তেমন ভাবেই সেটার দেখাশোনা করতে হবে!

আমি এমন অনেক লোকেদের জানি, যাঁরা সময়ের অজুহাত দেখিয়ে নিজেদের ওপরে দায়িত্ব নেওয়া এড়িয়ে যান! তাঁদের মস্তিষ্ক ভোঁতা হয়ে পড়েছে... কিন্তু পড়াশোনা করা বা প্রশিক্ষণ নেওয়ার নামেই তাঁরা 24 ঘন্টা ব্যস্ত হয়ে ওঠেন আর সময় শেষ হয়ে পড়ে!

আমি চ্যালেঞ্জ জানাচ্ছি যে, আপনারা আমাকে এমন কোন ব্যক্তি দেখান... যাঁর কাছে দিনের 24 ঘন্টার মধ্যে 24-টা মুহূর্তও নিজের জন্য থাকে না!

সময় অনেক রূপে ব্যর্থ হয়ে পড়ে, যেমন ঃ-
01.	বেশীক্ষন পর্যন্ত ঘুমিয়ে
02.	অনাবশ্যক টি.ভি. দেখে
03.	বৃথা তর্ক-বিতর্ক করে
04.	ফোনে বেশীক্ষন কথা বলে

05. যেখানে প্রয়োজন নেই, সেখানে নিজের জ্ঞান ফলিয়ে
06. গসিপ / নিন্দা / সমালোচনা করে
07. যে সমস্যা এখনও আসেনি... সেটার ব্যাপারে চিন্তা করে
08. যে সুযোগ হাতছাড়া হয়ে পড়েছে... সেটার ব্যাপারে অনুতাপ করে
09. নিজের গৌরব গাথা প্রচার করে... নিজের গুণগান করে

দৈনন্দিন জীবনে আপনারা অসংখ্য এমন রাস্তা দেখতে পাবেন... যেগুলোয় আপনারা সময় ব্যর্থ করেন!

আমরা এমনটা মেনে নিই যে, এক সাধারণ ভারতীয় 25 বছরে উপার্জন করা শুরু করেন আর 55 বছরে চাকরী থেকে অবসর নেন! তিনি যদি এই 30 বছরে প্রতি দিন কেবলমাত্র 45 মিনিট ব্যর্থ হওয়া থেকে বাঁচান... তাহলে তিনি জীবনে উপার্জন করার জন্য পুরো একটা বছর অতিরিক্ত পান!

আপনারা কি এমন একটা বছর অতিরিক্ত পেতে চাইবেন? আমার পরামর্শ হচ্ছে এই যে, আপনারা নিজেদের মিনিটগুলোর ওপরে দৃষ্টি দিন... ঘটা নিজের চিন্তা নিজে করে নেবে!

একবার এক শিল্পপতি সর্দার বল্লভ ভাই প্যাটেলের সঙ্গে দেখা করার জন্য সময় চাইলেন! উনি 10 মিনিট সময় পেলেন! কোন কারণবশতঃ উনি 4 মিনিট দেরীতে পৌঁছলেন। সর্দার বল্লভ ভাই প্যাটেল মুচকি হেসে ওনাকে স্বাগত জানালেন আর নিজের এক কর্মচারীকে জল নিয়ে আসার জন্য বললেন! শিল্পপতি জল পান করে গ্লাস নামিয়ে রাখলেন আর সর্দার বল্লভ ভাই প্যাটেলের সঙ্গে বার্তালাপ শুরু করতে চাইলেন! কিন্তু সর্দার বল্লভ ভাই প্যাটেল ততক্ষণে চেয়ার থেকে উঠে দাঁড়িয়েছিলেন! উনি অত্যন্ত বিনম্রতার সাথে সেই শিল্পপতিকে বললেন – "ক্ষমা করবেন... আপনি 4 মিনিট দেরী করে এসেছিলেন। 2 মিনিটে আপনাকে আমি জল পান করানো ছাড়া আর কিছুই করে উঠতে পারলাম না! এর পরের বার সময়ের ব্যাপারটা মাথায় রাখবেন!"

সময় বাঁচানোর অব্যর্থ উপায়

'না' বলতে শিখুন

যে কাজটা অপ্রয়োজনীয়, যেটা করার পেছনে সময় বরবাদি হবে... তেমন

কাজের জন্য **'না'** বলে দেওয়া উচিত... অন্যথা আপনাদের অনেকটা বহুমূল্য সময় বৃথা কাজে নষ্ট হয়ে পড়বে! **'না'** শুনে প্রথমে হয়তো সামনের ব্যক্তির খারাপ লাগতে পারে... কিন্তু তিনি আপনার সময় নষ্ট করার সাহস আর কখনো করবেন না!

পকেট ডায়রী / মোবাইল ডায়রী / ডিজিটাল ডায়রী রাখুন

প্রতি দিন রাতে ঘুমোবার আগে পরের দিনের কাজগুলো প্রাথমিকতার ভিত্তিতে নিজের ডায়রীতে লিখে নিন... এর ফলে আপনাদের কোন কাজ অপূর্ণ থাকবে না আর আপনারা লোকসান হওয়ার হাত থেকেও রক্ষা পাবেন! 'ভুলে গেছি' বা '*ঠিক সময়ে মনে পড়েনি*'-র মত অজুহাতও আপনাদের দেখাতে হবে না আর সমাজে আপনাদের প্রতিষ্ঠা বেড়ে উঠবে! কাজ শেষ হয়ে পড়ায় কাজের স্তুপ তৈরী হবে না। আমি আজও এটাকে টাইম ম্যানেজমেন্টের সব থেকে গুরুত্বপূর্ণ উপকরণ হিসেবে মানি!

টাইম টেবল বানান

সকালে ঘুম থেকে ওঠার আর রাতে ঘুমোতে যাওয়ার সময় নির্দিষ্ট করে নিন! নিয়মিত গুরুত্বপূর্ণ কাজগুলোর সময় নির্দিষ্ট করুন! তারপর যে সময়টা বাঁচবে, সেটাকে অন্য উৎপাদক কাজে লাগান!

লক্ষ্য অনুসারে টাইম ম্যানেজমেন্ট করুন

নিজের নিয়মিত কাজগুলো সেরে নেওয়ার পরে কিছুটা সময় হাতে অবশিষ্ট থাকা উচিত... যাতে আপনারা দীর্ঘমেয়াদী লক্ষ্যগুলোর প্রতি দৃষ্টি দিতে পারেন, সেদিকে কাজ করতে পারেন! প্রায়ই সঠিক টাইম ম্যানেজমেন্ট না হওয়ার কারণে দৈনন্দিন কাজগুলো সারতেই সব সময় চলে যায় আর জীবনের লক্ষ্য পেছনে পড়ে থাকে!

মানুষ অপ্রয়োজনীয় কাজে সময় নষ্ট করে,
তার ফলে সাধারণ দায়িত্বে স্তুপের সৃষ্টি হয়ে পড়ে!
সাধারণ দায়িত্বগুলো পূরণ করতে গিয়ে
জরুরী কাজ পেছনে পড়ে থাকে
আর জরুরী কাজ শুরু করতে গেলে
অত্যন্ত জরুরী কাজগুলো শেষ হতে পারে না!

আমার সফলতার রহস্য হচ্ছে আমার টাইম ম্যানেজমেন্ট

গসিপ আর নিন্দায় আমি একটা মুহূর্তও নষ্ট করি না! বন্ধুদের সাথে অনাবশ্যক আড্ডাও আমি মারি না! টি.ভি.-র সংক্রামক ধারাবাহিকগুলো থেকে আমি নিজেকে দূরেই সরিয়ে রাখি! নিজের ওপরে আত্ম-আকলন করে চাপ বজায় রাখি! যদি কোন দিন কোন বিশেষ কারণ ছাড়া আমার সময় ব্যর্থ হয়ে পড়ে, তাহলে সেটার জন্য আমার অত্যন্ত দুঃখ হয়!

আমি প্রতি দিন নিজের কাজগুলোর সূচী পকেট ডায়রীতে লিখে রাখি আর রাতে সেগুলোর সমীক্ষা করি! আপনারাও যদি নিজেদের স্বপ্ন সাকার করে তুলতে চান... তাহলে সময়ের ভুল উপযোগ করা বন্ধ করে দিন!

আমাদের এটা মাথায় রাখা উচিত যে, আমরা সময়ের উপযোগ কতটা গম্ভীরতার সাথে করছি... কারণ আমরা সময়কে নয়... বরং নিজেদের ভাগ্য নষ্ট করছি!

62

যতক্ষন শ্বাস, ততক্ষন আশ !

আজকের যুগের অতি ব্যস্ত সময় চক্র আর ভৌতিক সুখ-সুবিধার অন্ধ দৌড় মানুষকে এক মেশিনে রূপান্তরিত করেছে ! আরাম, শখ পালন আর মেলামেশার মত শব্দগুলো এখন কেবলমাত্র শব্দ হয়েই রয়ে গেছে ! এই ভয়ংকর ছোটাছুটি আমাদের ব্যাংক ব্যালান্স তো বাড়িয়ে তুলছে... কিন্তু এক সাথে সেটা আমাদের জীবন কালকেও কমিয়ে আনছে ! হার্ট এ্যাটাক, ডায়াবেটিজ ইত্যাদি রোগ এখন এতটাই সাধারণ হয়ে উঠেছে যে, এই সব রোগ কখন যে কাকে শিকার করে তুলবে, কেউ জানে না !

এই সময় আর কাজ করার ঘন্টার স্বাধীনতা নেটওয়ার্কিং প্রণালীর ভালো দিক হলে এটা সব থেকে খারাপ দিকও বটে ! অন্যান্য কার্যক্ষেত্রে অফিস থেকে বাড়ী ফেরার পরে বা দোকান বন্ধ করে বাড়ী ফেরার পরে সময় ব্যক্তির নিজস্ব হয় ! সাধারণ অবস্হায় অন্যান্য প্রণালীতে লোকেরা সময় মত ঘুমোন, সময় মত ঘুম থেকে ওঠেন আর সপ্তাহে একটা দিন ছুটী অবশ্যই কাটান !

একজন নেটওয়ার্কারের কোন ছুটীর দিন হয় না, তাঁর কাজ করার ঘন্টাও নির্দিষ্ট হয় না... এজন্য তাঁর দিনচর্যা অত্যন্ত অনিয়মিত হয় ! রাতে বেশীক্ষন পর্যন্ত জেগে থাকা, দিনের যে কোন সময় মীটিং-য়ে যাওয়ার জন্য প্রস্তুত হয়ে থাকা, লাগাতার সফর করতে থাকা ইত্যাদি জিনিষ তাঁর শারীরিক ঘড়ি (Bio-clock)-কে সেট হতে দেয় না... যার ফলে কম বয়সে বড় রোগ তাঁকে নিজের শিকার বানিয়ে নেয় ! নেটওয়ার্কাররা নিজেদের সমস্ত বুদ্ধিমত্তা আর ব্যস্ততাকে এক পাশে রিয়ে রাখুন আর এই ব্যাপারটা ভালো করে নিজেদের মাথায় ঢুকিয়ে নিন যে, একদিন আপনাদের কাছে টাকা-পয়সা তো প্রচুর এসে পড়বে... সেই সব টাকা-পয়সা উপযোগ করার জন্য উত্তম শরীর আপনাদের কাছে থাকবে না !

এই ছোট... কিন্তু অমূল্য হেল্‌থ টিপস্‌গুলো অবশ্যই পালন করুন ঃ

01) সময় মত জাগা

বিভিন্ন অনুসন্ধান এটা জানাচ্ছে যে, রাতের তুলনায় সকালে আমাদের মস্তিষ্ক বেশী মাত্রায় সক্রিয় হয়ে থাকে আর রাতের তিন ঘণ্টার কাজ সকালের এক ঘণ্টার সমান হয় ! আপনারা যদি নিজেদের জীবনে কিছু অতিরিক্ত বছর যোগ করতে চান... তাহলে ভোর 5-টার সময় ঘুম থেকে ওঠা শুরু করে দিন ! বেশী রাতের কাজ পরের দিন সোনালী সকালে করুন ! *"সকালে ঘুম থেকে উঠতে পারি না... ঘুম ভাঙে না !"* ইত্যাদি অজুহাত দেখাবেন না... কারণ এসব দুর্বল আর আলসী লোকেদের অজুহাত হয় !

02) সময় মত ঘুমোন

রাতে ঘুমোনোর এমন সময় নির্দিষ্ট করুন, যাতে কম পক্ষে 6 ঘণ্টার গাঢ় ঘুম হতে পারে ! যখন ঘুম পাওয়ার কারণে কাজ করতে মন লাগবে না, শরীরের গ্রহণ করার ক্ষমতা কমে আসবে... সেই মুহূর্তে কাজ করা বন্ধ করে দিন আর সোজা বিছানায় চলে আসুন !

03) দিনের মধ্যে 30 / 60 মিনিট বিশ্রাম

পুরো দিন মেশিনের মত চলার বদলে দিনে যখনই সময় পাবেন, 30 / 60 মিনিট চোখ বন্ধ করে থাকুন ! এমনটা করা সম্ভব না হলে শবাসন করে নিন, শরীরকে শিথিল করে দিন ! এটা ঠিক ব্যাটারী রিচার্জ করার মত হয় ! ঘুম থেকে ওঠার পরে অদ্ভূত আনন্দ আর স্ফূর্তির অনুভূতি হবে ! এটা ঠিক এক দিনে দু দিনের জীবন কাটানোর মত হয় !

04) যে কোন একটা খেলার শখ

আপনারা যদি তীব্র গতিতে 30 মিনিট হাঁটতে পারেন... তাহলে অবশ্যই

হাঁটুন! এই 30 মিনিট আপনাদের কোন নতুন পরিকল্পনার ওপরে চিন্তা করতে সহায়তা করবে আর আপনাদের শরীরের ওপরেও দৃষ্টি রাখবে!

প্রায়ই এমনটা দেখতে পাওয়া যায় যে, যদি ব্যক্তি কোন খেলাকে ভালবাসেন... তাহলে সেই খেলাটা তাঁর কাছে কখনোই বোঝা বলে মনে হয় না! আমার পরামর্শ হচ্ছে এই যে, আপনারা কোন শারীরিক পরিশ্রমের খেলায় অংশ নিন! ব্যাডমিন্টন, লন টেনিস, টেবল টেনিস ইত্যাদি খেলা আপনাদের মনকে হাল্কা করে তুলবে, মাংসপেশীগুলোকে মজবুত করে তুলবে আর শরীরের প্রতিটি কোনায় রক্তের প্রবাহও বৃদ্ধি করবে!

এই খেলাকে নিয়মিততা প্রদান করার জন্য আপনারা নিজেদের এক পার্টনার খুঁজে নিন... যাতে আপনারা কখনো আলস্য দেখালে উনি আপনাকে নিয়ে যাবেন আর উনি আলস্য দেখালে আপনারা তাঁকে নিয়ে যাবেন!

05) এক অনিবার্য ছুটী

নেটওয়ার্ক প্রণালীতে কাজ করার ঘণ্টা নির্দিষ্ট না থাকার
কারণে পুরো দিনটাই ছুটীর দিনের মত লাগলেও সপ্তাহে
যে কোন একটা দিন ছুটী নির্দিষ্ট করে নিন!
সেদিন নেটওয়ার্কিং-য়ের সাথে যুক্ত কোন কাজই
করবেন না... সেদিনটায় ছুটীর আনন্দ উপভোগ করুন!
এই ছুটী আপনাদের নিজেদের পরিবারের সাথে
আত্মীয়তা বৃদ্ধি করবে আর সামঞ্জস্যও বাড়াবে
এবং বাকী পুরো সপ্তাহ তাঁরা আপনাদের
অভাব অনুভব করবেন না!

06) তাজা খান – ফিট্ থাকুন

অনিয়মিত জীবন-শৈলী আর বিষে ভরা আহার-বিহার – এই হচ্ছে আমাদের বর্তমান প্রজন্মের যুবাদের পরিচয়! আমরা বাইরের ভোজনকে নিজেদের প্রতিদিনের দিনচর্যা বানিয়ে নিয়েছি... যার ফলে এ্যাসিডিটি, মাথার যন্ত্রণা, শারীরিক দুর্বলতার মত রোগও আমাদের দিনচর্যার অঙ্গ হয়ে উঠেছে!

বাড়ীতে তৈরী তাজা ভোজন খান আর সুস্বাস্থ্যের ব্যাপারে নিশ্চিন্ত

থাকুন! আপনারা যদি প্রায়ই সফরে যেতে থাকেন... তাহলে সঙ্গে করে টিফিন নিয়ে যেতে ভুলে যাবেন না আর যদি একান্তই বাইরের খাবার খেতেই হয়... তাহলে ফল, জুস আর সাধারণ ভোজন নিন!

জাংক ফুডকে আমি "জং ফুড" বলি!
এটা আমাদের পুরো শরীরে জং লাগিয়ে দেয় আর
এর কারণে পরে রোগের সাথেও লড়াই করতে হয়!
সত্যি কথা হচ্ছে এটা যে, জাংক ফুড লোকেরা স্বাদের
কারণে নয়... স্টাইল আর ফ্যাশনের
কারণে সেবন করেন!

07) কীটনাশক বা কার্বোনেটেড ড্রিংক

"কোল্ড ড্রিংকস্"-য়ের পরিশদ হচ্ছে "কীটনশাক"... এটা সাম্প্রতিক রিপোর্ট থেকে স্পষ্ট হয়ে উঠেছে! অবাক করার মত ব্যাপার হচ্ছে এটা যে, যে কার্বন-ডাই-অক্সাইডকে আমরা নোংরা মনে করে বাইরে বার করে দিই... সেই কার্বোনেটেড জলকেই আমরা পয়সা দিয়ে কিনে পান করি!

বাবা রামদেব ঠিকই বলেছেন –
"কোল্ড ড্রিংকস্ হচ্ছে টয়লেট সাফ
করার এক ভালো মাধ্যম!"
একটু চিন্তা করে দেখুন, আমরা কি পান করছি ?

08) হাসুন আর মারা যান

বিগত দিনে আমি একটা পুস্তক দেখেছিলাম, যেটার শীর্ষক ছিল – **"হাসুন আর মারা যান!"** তারপর আমি হাসির ওপরে ওশোর বেশ কয়েকটা পুস্তক পড়ি! তারপর আমি নিজেকে আর আশপাশের লোকেদের মনোযোগ সহকারে দেখতে শুরু করি! এটা সত্যি যে, আজকাল আমাদের জীবন থেকে হাসি কোথাও যেন হারিয়ে যেতে বসেছে! আমরা আজকাল হাসলেও বড়ই সংকোচের সাথে হাসি... আমরা এমনটা ভাবি যে, জোরে হাসলে লোকেরা বলবে যে, আমাদের কোন ম্যানার্স নেই!

হাসার জায়গায় আমরা এখন কেবলমাত্র নিজেদের দাঁত বার করি আর মুচকি হাসার জায়গায় ঠোঁট দুটোকে কিছুটা গোল করে তুলি মাত্র! হাসির

থেকে ভালো টনিক আর কিছুই হতে পারে না! পরিবারের সদস্যদের সাথে বসে কমেডী ফিল্ম দেখুন... হাস্যপ্রিয় বন্ধুদের সাথে আড্ডা মারুন... বাচ্চাদের সাথে খেলার ছলে হাসুন!

**এতটা হাসুন যে, পেটে যন্ত্রণা হতে থাকবে!
এতটা হাসুন যে, হাসি যেন আপনাদের পা ধরে
বলে – "আমার ওপরে দয়া করো!"**

দেখবেন, আপনাদের শরীর একেবারে ফুলের মত হাল্কা হয়ে উঠবে! অত্যধিক ক্রোধ আর হাসি কখনো এক সাথে আসে না! আপনারা রাগ দেখান, আপনাদের হাসি গায়েব হয়ে পড়বে আর প্রাণ খুলে হাসুন, আপনাদের ক্রোধ গায়েব হয়ে পড়বে!

আমি আশা করি যে, সুস্থ থাকা আর প্রাণ খুলে জীবন উপভোগ করার ব্যাপারটা আপনারা অবশ্যই বুঝতে পারছেন... কারণ আপনাদের পরিবারের অস্তিত্ব আপনাদের ওপরেই নির্ভর করে রয়েছে! আপনারাই যদি না থাকেন... তাহলে ধন-সম্পত্তি কোন্ কাজে লাগবে!

আমি কোন লম্বা-চওড়া নিয়ম বলছি না। আমি নিজেও এই সব নিয়মের পালন করার চেষ্টা করছি! কারণ এই প্রণালীতে নিজে যুক্ত হওয়া আর অন্যদের যুক্ত করার পরে লাগাতার জেতার জন্য সুস্থ শরীরের আবশ্যকতা রয়েছে!

63

ওপরওয়ালাকে ভুলে যাবেন না !

আমি অত্যন্ত ধার্মিক বা রীতি-রেওয়াজ মেনে চলা ব্যক্তি নই ! আমার পত্নী সর্বদাই আমার এই ধরণের উদাসীনতার ব্যাপারে অভিযোগ করতে থাকেন !

কিন্তু বিগত কিছু সময় ধরে আমি নিজের মধ্যে এক পরিবর্তন দেখতে পাচ্ছি ! মায়ের অসুস্থ হয়ে পড়া আর কিছু পারিবারিক সমস্যা উৎপন্ন হয়ে পড়ার পরে আমি কখন যে ঈশ্বরের কাছাকাছি চলে এসেছি... আমি নিজেও সেটা জানতে পারিনি !

আমি নিজের সম্পূর্ণ ক্ষমতা আর যোগ্যতার সাথে ঈশ্বরের সৃষ্টি মনুষ্যের সহায়তা করেছি ! কখনো শিক্ষা... কখনো চিকিৎসা... তো কখনো অন্য কোন বিষয়ে নিজের ক্ষমতা অনুসারে আমি নিজেকে অর্পণ করেছি... কিন্তু মন্দিরে যাওয়ার নামেই আমার কেমন যেন একটা অনীহা ছিল !

কিন্তু এখন আমি এটা বুঝতে পারি যে, লোকেরা জীবনের শেষ বেলায় ঈশ্বরের নাম কেন নেয় ! ? "ওপরওয়ালার ভরসা... সব কিছু ওপরওয়ালার হাতে..." এই সব প্রবাদবাক্যের সৃষ্টি কেন হল ? এসবের পেছনে কিছু একটা ব্যাপার তো অবশ্যই রয়েছে ! ঈশ্বরের শরণে এমন কিছু অবশ্যই রয়েছে... যেটা আমাদের মনকে শান্তি প্রদান করে, আমাদের চিন্তাধারাকে শক্তি জোগায় আর বিপদের সাথে লড়াই করার সাহস প্রদান করে !

যদি জীবনে আপনারা কিছু পয়সা উপার্জন করেন... সেটার কিছুটা অংশ ঈশ্বর আর তাঁর দ্বারা সৃষ্টি কম ভাগ্যশালী লোকেদের প্রতি অর্পণ করে দিন ! দেখবেন, সেটার প্রতিদানে আপনারা অনেক গুণ বেশী খুশী আর শান্তি প্রাপ্ত করবেন !

আমার কিছু বন্ধু আজকাল ঈশ্বরকে প্রফিটের বিজনেস
পার্টনার বানিয়ে নিয়েছেন ! কেউ 5%, কেউ 2%...
সকলে ঈশ্বরের আলাদা-আলাদা অংশীদারী রেখেছেন !
তাঁরা সততার সাথে নিজেদের লাভ থেকে ততটা অংশ
ঈশ্বর আর তাঁর সৃষ্ট মানুষদের জন্য আলাদা করে রাখেন !
এবার যে বিজনেসে স্বয়ং ঈশ্বর পার্টনার হন,
সেই বিজনেসের ক্ষতি কে করতে পারে !

বন্ধুরা ! সম্ভব হলে প্রতি দিন একবার নিজের আরাধ্য দেবতার শরণে
যান ! প্রতি দিন সম্ভব না হলেও যখন সময় পাবেন, তখন যান... কিন্তু
আপনারা সফলতার যে শীর্ষেই পৌঁছন না কেন... ওপরওয়ালাকে কখনো
ভুলে যাবেন না !

আর হ্যাঁ... ইচ্ছে হলে আপনারাও ঈশ্বরকে
নিজেদের বিজনেস পার্টনার বানিয়ে নিতে পারেন !

◆——◆

নেটওয়ার্ক সতর্কবাণী

যে কোন লোককে যুক্ত করার জন্য লোভ, প্রলোভন বা ঘুষ দেবেন না ! আমার অভিজ্ঞতা এমনটা বলে যে, যেসব লোকেদের স্মার্ট মনে করে তাঁদের যুক্ত করতে আমরা অতিরিক্ত ধন আর শ্রম লাগাই... তাঁরাই শীঘ্র নিষ্ক্রিয় হয়ে পড়েন ! আশার বিপরীত কামাল সেই সব ব্যক্তিরা করে দেখান... যাঁদের ব্যাপারে আমরা কখনো এমনটা ভাবিইনি যে, তাঁরা সফল হতে পারেন !

নিজেদের বিচার
এখানে লিখুন

www.ujjwalpatni.com

নিজেদের বিচার
এখানে লিখুন

www.ujjwalpatni.com

নেটওয়ার্ক কোম্পানীকে চিনুন !

জালি না সঠিক...
আইনী না বেআইনী...
সাথীদেরও ভালো চায়
না কেবল নিজের !

যে কোন নেটওয়ার্ক মার্কেটিং কোম্পানীর
সাথে যুক্ত হওয়ার আগে এই সব
তথ্যগুলো অবশ্যই জেনে নিন !

কোম্পানী কি সরকার এবং রিজার্ভ ব্যাংক দ্বারা মান্যতাপ্রাপ্ত ?

নেটওয়ার্ক মার্কেটিং বিশ্বের অধিকাংশ অংশে এক বৈধ ব্যবসার রূপে মান্যতা প্রাপ্ত করেছে... কিন্তু ভারতে এই সম্বন্ধে তেমন কোন আইন দেখতে পাওয়া যায় না ! নিয়মের নমনীয়তার আড়ালে বেশ কিছু কোম্পানী গ্রাহকদের ধোঁকা দিয়ে তাঁদের থেকে টাকা-পয়সা আদায় করে গায়েব হয়ে যায় ! এই আঘাত দ্বারা না কেবল টাকা-পয়সার ক্ষতি হয়... বরং অনেক লোকেদের কেরিয়ারও শেষ হয়ে পড়ে, অক্লান্ত মেহনত দ্বারা তৈরী করা গ্রুপও শেষ হয়ে পড়ে !

আপনারা যদি কোন নতুন নেটওয়ার্ক কোম্পানীর সাথে যুক্ত হন আর আপনাদের মনে সেই কোম্পানীর প্রতি যদি বিঁদুমাত্র সন্দেহ থাকে... তাহলে কোম্পানীর থেকে রেজিস্ট্রেশন সম্বন্ধীয় তথ্য অবশ্যই চান ! কোম্পানী যদি আপনাদের সেই তথ্য না প্রদান করে বা তারা যদি এড়িয়ে চলার চেষ্টা করে... তাহলে এটা ধরে নিতে পারেন যে, কোথাও কোন একটা গড়বড় অবশ্যই আছে ! কোম্পানী যদি আপনাদের বৈধানিক নম্বর আর রেজিস্ট্রেশনের প্রমাণপত্র না দেয় বা সেটা নিজের প্রচার সামগ্রীতে উল্লেখ না করে... তাহলে আপনারা সম্বন্ধিত বিভাগ থেকে তথ্য সংগ্রহ করতে পারেন ! ওয়েবসাইট বা ই-মেলের মাধ্যমেও আপনারা তথ্য সংগ্রহ করতে পারেন... রিজার্ভ ব্যাংক এবং কোম্পানী বোর্ডকে চিঠি লিখতে পারেন। আপনারা তথ্য অবশ্যই পেয়ে যাবেন !

একটু মেহনত করলে আপনারা নিজেদের পরিবারের ভবিষ্যত, সময় আর টাকা-পয়সার বরবাদী – সব কিছুই বাঁচাতে পারবেন !

কোম্পানীর প্রোমোটার্স / ডায়রেক্টর / স্হাপকদের ইতিহাস কি ?

এই নেটওয়ার্ক কোম্পানী কি প্রভাবশালী ব্যক্তিদের দ্বারা শুরু করা হয়েছিল ? এই কোম্পানীর স্হাপকদের আগে কি অন্য ব্যবসা ছিল ? অন্য কোন ব্যবসা যদি ছিল, তাহলে সেই ব্যবসায় কি কোন সন্দেহাস্পদ ব্যাপার ছিল ?

কোম্পানীর স্হাপকেরা কি শিক্ষিত আর নিজেদের ক্ষেত্রের বিশেষজ্ঞ ?

কোম্পানী কি কোন বিশেষ পরিবারের লোকেদের দ্বারা নিয়ন্ত্রিত করা হচ্ছে অথবা বিশেষজ্ঞদের গ্রুপ দ্বারা সঞ্চালিত করা হচ্ছে ?

কোম্পানীর ভবিষ্যত যোজনা কি ?

এগুলোর মধ্যে কিছু প্রশ্নের উত্তর আপনারা কোম্পানীর ওয়েবসাইট এবং প্রচার সামগ্রীতে পেয়ে যাবেন! অতীতে যদি কোম্পানীর স্হাপকদের ব্যর্থতার ইতিহাস থেকে থাকে, তাঁরা যদি শিক্ষিত না হয়ে থাকেন, যদি তাঁদের আপরাধিক বা ধোঁকাবাজীর ইমেজ থাকে... তাহলে এমন কোম্পানীর ভবিষ্যতের ব্যাপারে স্পষ্ট করে কিছুই বলা যেতে পারে না !

এমন পরিস্হিতিতে নিজেদের ভবিষ্যতের বাজী ধরা আপনাদের পক্ষে মোটেই উচিত হবে না ! আপনারা যদি অন্য কোন কোম্পানীর সন্ধান করে নেন, তাহলে খুবই ভালো হবে !

কোম্পানীর উৎপাদন সিরিজ কি এবং কেমন ?

নিশ্চিত রূপে এই বিজনেসে উৎপাদনের থেকে বেশী গুরুত্বপূর্ণ ব্যক্তি হন, তাঁদের গুণ হয়... কিন্তু ভালো উৎপাদন ছাড়া এই বিজনেসে বড় সফলতা প্রাপ্ত করা সম্ভব নয় !

সেই কোম্পানীই ভালো হয়... যাঁদের উৎপাদন সাধারণ লোকেরা উপযোগ করেন... যেগুলো উপযোগ করার জন্য জীবন-শৈলীতে বড় কোন পরিবর্তন আনতে না হয় ! এমন উৎপাদন... যেগুলো মহিলা, পুরুষ আর বাচ্চারা উপযোগ করতে পারে... যেসব উৎপাদন তাঁদের দৈনিক আবশ্যকতার সাথে যুক্ত হয়ে থাকে, সেই সব উৎপাদনকে সহজেই স্বীকার করে নেওয়া হয় !

আজ থেকে কয়েক বছর আগে কিছু কোম্পানী ওয়েবসাইট আর স্পেস বিক্রী করা শুরু করেছিল ! সেই সময় ভারতে খুব কম লোকেদের কাছেই কম্প্যুটার ছিল... ইন্টারনেটের দর্শন তো আরও দুর্লভ ছিল ! এমন অবস্হায় কে ওয়েবসাইট বানাবে আর ই-শিক্ষাই বা কে গ্রহণ করবে ?! সাধারণ লোকেরা সেই সময় এমন কোম্পানীগুলোকে অস্বীকার করে দিয়েছিল আর অধিকাংশ এমন কোম্পানীতে তালা ঝুলে গিয়েছিল !

সুতরাং আপনারাও এমন কোন কোম্পানীর সাথে যুক্ত হোন... যে কোম্পানীর উৎপাদন সময়ের অনুকূল হবে, তার সাথে-সাথে খুব বেশী ভবিষ্যোন্মুখও হবে না... বর্তমানেও যেন সেগুলোর কোথাও-না-কোথাও উপযোগিতা থাকে !

কোম্পানীর প্রবেশ শুল্ক / রেজিস্ট্রেশন শুল্ক কি ?

কিছু কোম্পানী নতুন যুক্ত হওয়া লোকেদের থেকে অনেক বেশী শুল্ক আদায় করে! সেই শুল্কের পরিবর্তে তাঁদের হয় হাল্কা উৎপাদন দেওয়া হয় অথবা দামী উৎপাদন দেওয়া হয়!

এই সব কোম্পানীর মধ্যে অধিকাংশ কোম্পানী কেবলমাত্র শুল্কের প্রতিই আগ্রহ রাখে... উৎপাদন নিয়ে তারা বিশেষ একটা মাথা ঘামায় না! বেশী শুল্ক দেওয়ার পরে আপনারা খুব তাড়াতাড়ি সেই কোম্পানী ছেড়েও দিতে পারেন না এবং সেখানেই বাঁধা পড়ে যান!

এমন কোম্পানীই ভালো হয়, যারা ন্যায্য রেজিস্ট্রেশন শুল্ক নেয় আর সেটার পরিবর্তে প্রায় ততটাই মূল্যের ভালো উৎপাদন দেয়!

প্রবেশ শুল্ক / রেজিস্ট্রেশন ফীস্ / প্রারম্ভিক শুল্কের ব্যাপারে কোম্পানীগুলোকে আর্থিক সংস্হাগুলো এবং রিজার্ভ ব্যাংক দ্বারা গাইড লাইনও জারী করা হয়েছে!

কোম্পানীর উৎপাদনের গুণবত্তা কেমন ?

কিছুদিন আগে এমন বেশ কিছু কোম্পানী আমার চোখে পড়েছিল... যারা নিজেদের উৎপাদনের মূল্য অত্যন্ত বেশী রেখেছিল ! এমন উৎপাদনের সাথে কোন বিদেশী কোম্পানীর নাম যুক্ত করে সেগুলোকে আরও বেশী দামী করে তোলা হয় ! এই সব অত্যন্ত দামী উৎপাদনের গুণবত্তা সেগুলোর মূল্যের অনুরূপ হয় না !

অন্য দিকে আমি এমন বেশ কিছু কোম্পানীকে জানি... যারা রাষ্ট্রীয় ব্রাণ্ডেড কোম্পানীর সাথে বিশেষ চুক্তি করেছে আর নিজেদের নেটওয়ার্কের মাধ্যমে তারা ব্রাণ্ডেড কোম্পানীর উৎপাদন বিক্রী করছে ! এমন উৎপাদন সাধারণ লোকেরা সঙ্গে-সঙ্গে স্বীকার করে নেন ! এমন উৎপাদনের ক্ষেত্রে আফটার সেল্‌স সার্ভিসও প্রদান করা হয়... সুতরাং গ্রাহকদের ভবিষ্যতের চিন্তা থাকে না !

আপনারাও যদি নেটওয়ার্ক মার্কেটিং প্রণালীর সাথে যুক্ত হতে চলেছেন... তাহলে এমন কোম্পানী বেছে নিন, যাদের উৎপাদন ভালো গুণবত্তার হবে, যাদের সাথে ব্রাণ্ডেড কোম্পানীগুলোর চুক্তি থাকবে আর যেসব উৎপাদনের ক্ষেত্রে ভবিষ্যতে সমস্যা দেখা দিলে পরিষেবা পাওয়া যাবে ! এমন উৎপাদনই নিন, যেগুলো শুদ্ধতা আর গুণবত্তার জন্য আন্তর্জাতিক এবং রাষ্ট্রীয় মানক এজেন্সী দ্বারা মান্যতাপ্রাপ্ত হবে ! এমন কোম্পানী বেছে নিন, যাদের উৎপাদনের মূল্য আপনাদের কাছে ন্যায্য বলে মনে হবে !

কোম্পানীতে কি কোন অফিশিয়াল প্রশিক্ষণ / সাপোর্ট ট্রেনিং সিস্টেম আছে ?

নেটওয়ার্ক মার্কেটিং বিজনেস এক অদ্ভূত বিজনেস হয় ! একটাই উৎপাদন হাজার-হাজার লোক বিক্রী করেন... একই সিস্টেমের সাথে হাজার-হাজার লোক যুক্ত হন... তবুও তাঁদের মধ্যে কিছু লোক মাসে লক্ষ-লক্ষ টাকা উপার্জন করেন আর কেউ নিরাশ হয়ে এই বিজনেসই ছেড়ে দেন !

সত্যি কথা বলতে কি, যদি কোন ব্যক্তি নিয়মের পালন করে চলে সফল নেটওয়ার্ক বা আপলাইনের দেখানো পথে চলেন... তাহলে তাঁর ব্যর্থ হওয়ার সম্ভাবনা অত্যন্ত কম হয় !

এই নিয়ম আর সিদ্ধান্ত প্রশিক্ষণ অনুষ্ঠান আর সেমিনার থেকেই আসে ! এই সব প্রশিক্ষণ অনুষ্ঠান নেটওয়ার্ক মার্কেটিং রূপী গাড়ীর স্টিয়ারিং হয় ! যদি প্রশিক্ষণের ভালো সুবিধা না থাকে... তাহলে গাড়ীর এ্যাক্সিডেন্ট হয়ে পড়বে ! এই এ্যাক্সিডেন্টে আপনাদের সাথে-সাথে অন্যদেরও ক্ষতি হবে !

আমি নিজে বিশেষ নেটওয়ার্কারিদের জন্য প্রভাবশালী বার্তালাপের কলা, লীডারশিপ ইন্ নেটওয়ার্কিং-য়ের মত বিষয়ের ওপরে জবরদস্ত সেমিনার প্রস্তুত করেছি ! এই সব সেমিনার তাঁদেরকে নতুন পথ দেখায়, নিস্ক্রিয় ডাউনলাইন আর এ্যাসোসিয়েটকে সক্রিয় করে তোলে এবং পুরো ব্যবসায় এক নতুন প্রাণের সঞ্চার করে !

এই সব সেমিনারে অংশ নিয়ে আবার একবার সক্রিয় হয়ে ওঠা লোকেরা ই-মেল, চিঠি আর ফোনের মাধ্যমে আমার সঙ্গে যোগাযোগ করে যখন নিজেদের ভাবনা আমার সাথে ভাগ করে নেন... তখন আমার সহজে বিশ্বাস হয় না যে, ট্রেনিং এমন জাদুও করে দেখাতে পারে !

আপনারা সেই সব পত্র পড়লে আপনাদের চোখেও জল এসে পড়বে !

এই সব প্রশিক্ষণ / সাপোর্ট ট্রেণিং সিস্টেম হচ্ছে নেটওয়ার্ক মার্কেটিং-য়ের ভিত্তি... এগুলোকে বাদ দিয়ে আপনারা কিছুটা দূর পর্যন্ত তো যেতে পারবেন... কিন্তু শীর্ষে পৌঁছতে পারবেন না !

যে কোন নেটওয়ার্ক মার্কেটিং কোম্পানীর সাথে যুক্ত হওয়ার আগে প্রশিক্ষণ প্রণালী আর সেটার গুণবত্তার ব্যাপারে অবশ্যই তথ্য সংগ্রহ করুন !

আমার ব্যক্তিগত মত হচ্ছে এই যে, যেসব কোম্পানী এখনও পর্যন্ত নিজেদের অফিশিয়াল ট্রেণিং প্রোগ্রাম বানায়নি... সময়বদ্ধ সাপোর্ট সিস্টেমের ওপরে দৃষ্টি দেয়নি, তারা যেন এবার জেগে ওঠে ! বিশ্বের অধিকাংশ এমন নেটওয়ার্ক কোম্পানী শ্রেষ্ঠতম উৎপাদন থাকা সত্ত্বেও ব্যর্থ হয়ে পড়েছে... যেসব কোম্পানীতে প্রশিক্ষণকে গৌণ করে তোলা হয়েছিল !

◆———◆

কোম্পানীর পে-আউট / পেমেন্ট
কি ভাবে হয় ?

কিছুদিন আগে এমন এক নেটওয়ার্ক মার্কেটিং কোম্পানীর ব্যাপারে আমি জানতে পেরেছিলাম... যারা নিজেদের ডিস্ট্রিব্যুটরদের বছরে একবার পেমেন্ট করে ! তারা প্রথম বছরে তো ডিস্ট্রিব্যুটরদের পেমেন্ট করেছিল... কিন্তু দ্বিতীয় বছরের শেষাশেষি তারা গায়েব হয়ে পড়েছিল !

সকল কোম্পানীর এক নিজস্ব প্রণালী থাকে ! কোন কোম্পানী 6 মাসে, কোন কোম্পানী 3 মাসে, কোন কোম্পানী 1 মাসে... তো কোন কোম্পানী 1 সপ্তাহে পেমেন্ট করে !

আমার ব্যক্তিগত মতে 1 সপ্তাহ, 15 দিন বা খুব বেশী হলে 1 মাসে আপনাদের উপার্জনের চেক আপনাদের কাছে পৌঁছে গেলে ভালো হয় ! পেমেন্টের ওপরে যদি উৎসেই ট্যাক্স কেটে নেওয়া হয় আর কোম্পানী আপনাদের টি.ডি.এস. সার্টিফিকেট জারী করে... তাহলে কোম্পানীর প্রাথমিকতা বেশী করে মানা হবে !

কোম্পানীর সাথে আগে থেকেই যুক্ত হওয়া অন্য লোকেদের থেকে এই তথ্য অবশ্যই সংগ্রহ করুন যে, কোম্পানী সময়ে-সময়ে পেমেন্টের নিজের প্রতিশ্রুতি পালন করে... না প্রায়ই সবাই দেরী করে চেক হাতে পান !

◆——◆

কোম্পানী দ্বারা কোন ন্যুনতম লক্ষ্য কি নির্দিষ্ট করা হয়েছে ?

কিছু নতুন কোম্পানী এমন চালাকি করে যে, বিজনেস এক নির্দিষ্ট স্তরে পৌঁছলে তবেই তারা পেমেন্ট করে ! কোন ডিস্ট্রিব্যুটর যদি সেই স্তর পর্যন্ত পৌঁছতে না পারেন... তাহলে তাঁর উপার্জন শূণ্যই থাকে ! অন্য কিছু কোম্পানী বিজনেস এক নির্দিষ্ট স্তরে না পৌঁছতে পারলে পুনরায় শুল্ক আদায় করে !

আপনারা এমন কোন কোম্পানী বেছে নিন, যেখানে আপনারা যত কম বিজনেসই করুন না কেন... সেই অনুপাতে আপনাদের যেন কিছুটা উপার্জন হয় ! আপনারা যদি বিজনেস করতে না পারেন... তাহলেও যেন কোম্পানী আপনাদের বাইরের দরজা দেখাতে না পারে !

বস্তুতঃ সাধারণ সেল্স কোম্পানী এবং নেটওয়ার্ক মার্কেটিং কোম্পানীর মধ্যে এটাই পার্থক্য থাকে যে, সাধারণ সেল্স কোম্পানীতে টার্গেট প্রাপ্ত না হলে কর্মচারীকে বার করে দেওয়া হয়... অন্য দিকে নেটওয়ার্কিং মার্কেটিং-য়ে লক্ষ্য প্রাপ্তির কোন চাপ না থাকায় ব্যক্তি চাপমুক্ত হয়ে কাজ করতে পারেন ! যদি লক্ষ্য প্রাপ্ত না-ও হয়... তাহলেও তাঁকে কেউ কোম্পানী থেকে বাইরে বার করে দিতে পারেন না !

Network Dictionary

Infinite Depth : A feature of some compensation plans allowing distributors to draw earnings from deeper levels, below their ordinary pay range.

Leader : A top achiever in an MLM / Network Marketing downline.

Leg : A downline within your downline, usually headed by one of your frontline "Leaders" distributors.

Massive Action : A sustained, one time barrage of prospecting activity.

Matrix : A comp plan, that limits the number of people on your frontline, usualy to two or three.

Max Out : A comp plan is said to be maxed out, when you have put enough people in place, moving a sufficiently high level of monthly volume, to qualify you for the maximum level of commissions in the plan.

MLM / Multi Level Marketing : Generally, an alternate term for network marketing. It can also be used to distinguish those particular network marketing plans, that permit distributors to draw income from more than one level.

Momentum : The phase of a network marketing company's growth, when sales and recruiting begin to grow at an exponential rate.

Monthly Volume Requirements : An alternate term for qualifications.

Multi-affliate Program : An affiliate program, that allows affiliates to recruit other affiliates and to be paid multilevel commissions on sales of their recruits.

Network Marketing : Any form of selling, that allows independent distributors to recruit other independent distributors and to draw a commission from the sales of those recruits.

Opportunity : The chance to join a MLM / Network Marketing Distributors, or another term for the distributors itself.

Opportunity Meeting : A recruiting rally or business briefing held by MLM distributors for the puspose of presenting the opportunity to propsects.

Organization : That portion of your downline, from which you are allowed to draw overrides and commissions. It includes all distributors placed on levels that fall within your pay range.

Organizaition Volume : Monthly sales volume generated by your organization, through product purchases from the company.

Overrides : The montly commission you receive from breakaway legs.

Payout : The percentage of a company's total revenue, that it pays out to distributors, in the form of overrides, commissions.

Pay Plan : An alternate term for compensation plan.

Pay Range : All distributors in your downline, from which your comp plan allows you to draw overrides and commissions.

Personal Group : All distributors in your pay range, whom you have personally sponsored, but who have not broken away.

Prospect : A potential costomer or recruit.

Prospecting : The process of seeking customers or recruits for your Network Marketing / MLM business.

Personal Sales Volume : The volume of product, that you personally sell in a given month.

Point Volume : An alternate term for bonus volume.

Qualifications : Monthly quotas that distributors are required to meet, in order to qualify for a given achievement level. Quotas are usually set in terms of group and personal volume. Occasionally, there are recruiting quotas, requiring that you bring a certain number of people onto your frontline each month.

Recruit : A prospect, who has agreed to join your downline as a distributor.

কিছু বিশেষ মুহূর্ত

কমল পত্র সম্মান গ্রহণ করছেন
ডাঃ উজ্জ্বল পাটনী !

ছত্রিশগঢ়ের মুখ্যমন্ত্রী ডঃ রমন সিংহের
সাথে ডাঃ উজ্জ্বল পাটনী (মাঝে) !

গিনীজ বিশ্ব রেকর্ড প্রাপ্ত করার
পরে উৎসবের মুহূর্তে ডাঃ পাটনী !

ডাঃ পাটনীর সম্মান প্রাপ্তির মুহূর্তে
উপস্থিত গুরুদেব শ্রী শ্রী রবিশঙ্কর এবং
বি.জে.পি.-র শ্রী ভেঙ্কাইয়া নায়ডু !

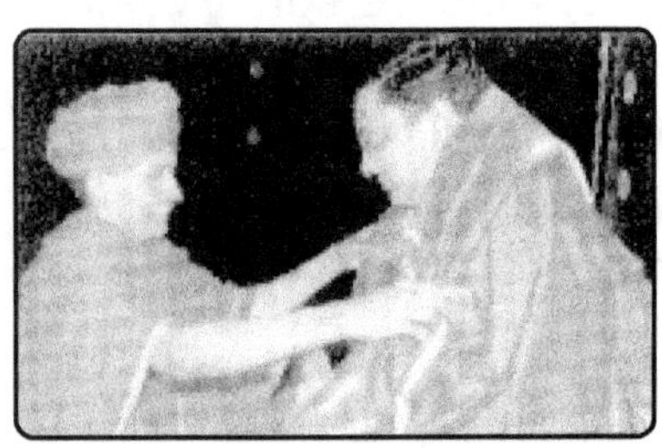

দক্ষিণ ভারতের জৈন কাশী
মূঢ়বিট্রীতে ডাঃ পাটনী-কে সম্মানিত
করছেন ভট্টারক শ্রী চারুকীর্তি
স্বামী জী !

ভজন সম্রাট শ্রী অনুপ জলোটার
সাথে ডাঃ উজ্জ্বল পাটনী !

Dr. Patni's presentation in Kala Mandir
CAPITAL

Hitavada
Discovering the
power of words
GREAT WORDS
WIN HEARTS

सफलता के गुर सीख गया जनसमूह

आत्मविश्वास से भरपूर सम्बन्धित डॉ. उज्ज्वल पाटनी

भास्कर

सफलता का मंत्र
'खुशी, जोड़ो
और जीतो'

Dr Patni's book nominated
for International Book Fair

Dr Patni's book to hit
international markets

[जी भरकर जी लो]
डॉ. उज्ज्वल पाटनी

ডাঃ উজ্জ্বল পাটনীর
ওয়ার্কশপ এবং সেমিনার সম্পর্কিত কিছু তথ্য

–ঃ ডাঃ উজ্জ্বল পাটনী দু ধরণের অনুষ্ঠান পেশ করেন ঃ–

01. সেমিনার –   মেয়াদ – 1 থেকে 3 ঘ্টা
                       অংশ গ্রহণকারী – কোন সীমা নেই

02. ওয়ার্কশপ –   মেয়াদ – এক দিন বা দু দিন
                       অংশ গ্রহণকারী 40 - 60

Seminars / Workshops for Industries / Institutions / Colleges / Enterprenuers & Professionals

---

01. Effective public speaking *(Our international signature workshop)*
02. Effective leadership
03. The million dollar attitude for winning
04. How to get self motivated
05. Stress management round the clock
06. Design your destiny
07. Time management in daily life
08. College to corporate
09. Win win negotiations in business & society
10. Personal productivity
11. Selling with confidence & passion
12. Handling rejections in life

নেটওয়ার্ক মার্কেটিং-এর ক্ষেত্রে বিশেষ সেমিনার এবং ওয়ার্কশপ

01. প্রভাবশালী বক্তা... প্রভাবশালী নেটওয়ার্ক

02. নেটওয়ার্কিং লীডারশিপ

03. নেটওয়ার্কিং-য়ে দল গঠন

04. নেটওয়ার্কিং – 'না'-কে 'হ্যাঁ'-তে পরিবর্তিত করুন

05. নেটওয়ার্কিং – 6 পদক্ষেপে সফলতা

06. নেটওয়ার্কিং – ডাউন লাইনে ডুপ্লিকেশন এবং এথিক্স সৃষ্টি করার সূত্র

07. নেটওয়ার্কিং – স্বপ্ন, সূচী, আমন্ত্রণ

08. নেটওয়ার্কিং – আপলাইন / ডাউনলাইন মধুর সম্বন্ধ কি ভাবে রাখবেন

09. কাপল নেটওয়ার্কিং – পতি-পত্নী দ্বারা সংযুক্ত নেটওয়ার্কিং-য়ের আধুনিক সূত্র

ডাঃ উজ্জ্বল পাটনীর সেমিনার এবং ওয়ার্কশপের বিশেষত্ব

- আন্তর্জাত্রিক স্তর
- অডিয়ো-ভিডিয়োর ভালো উপযোগ
- পরিভাষিত নয়... পরিণাম কেন্দ্রিক
- সরল গেমস এবং রোচক শৈলী
- হিন্দী, ইংরাজী এবং মিশ্র ভাষার প্রয়োগ *(শ্রোতা অনুসারে)*
- অনুষ্ঠান অনুসারে লক্ষ্য কেন্দ্রিক প্রস্তুতি
- সাধারণ প্রোফেশনাল ফীস্
- উপযোগী সার্টিফিকেট
- কম দামে পুস্তক / সিডি
- কখনো না ভুলতে পারা এক অপূর্ব অভিজ্ঞতা

जीत या हार रहो तैयार
डॉ. उज्ज्वल पाटनी
लाइफ क्राफ्ट
For orders : Dial 98261 69269
e-mail : patni.seminars@gmail.com, training@ujjwalpatni.com

नेटवर्क मार्केटिंग

कितना सच कितना झूठ

ডাঃ উজ্জ্বল পাটনীর শব্দ এবং কাজের প্রশংসায়

ডঃ উজ্জ্বল পাটনী এবং ওনার টিম বড় স্বপ্ন দেখতে, নিজেদের স্বপ্নের ওপরে বিশ্বাস করতে এবং সেগুলোকে সাকার করে দেখানোর ক্ষমতা রাখেন! এমন নায়কদের ওপরে ভারতের গর্ব করা উচিত!

– শ্রী অনুপ জলোটা
ভজন সম্রাট

Dr. Ujjwal Patni mesmerizes the audience by using extracts from Geeta, Ranayana & Jinwani. He has got the rare ability of speaking flawlessly for hours.

– Ahimsa Times

গোটা বিশ্ব জুড়ে নিজের এক আলাদা পরিচিতি গড়ে তোলা ডাঃ পাটনী এবং ওনার টীমের জন্য আমরা গর্ব বোধ করি!

– ডঃ রমন সিংহ
মুখ্যমন্ত্রী – ছত্রিশগড়

আপনার দ্বারা লেখা "সফল বক্তা - সফল ব্যক্তি" এবং "গ্রেট ওয়ার্ডস উইন হার্টস" যথেষ্ট জনপ্রিয়তা লাভ করেছে! "জিতুন বা হারুন – তৈরী থাকুন" নামক পুস্তকটিও ভীষণ ভালো, প্রেরণাদায়ক এবং ব্যক্তিত্বে এক নতুন উদ্যম সৃষ্টি করতে সক্ষম! আপনি নিজের অভিজ্ঞতা এবং মতামতের মাধ্যমে এই পুস্তকে এমন সজীবতা এনে দিয়েছেন... যার দ্বারা এই পুস্তক সমস্ত শ্রেণীর পাঠকদের প্রেরণা প্রদান করছে এবং ভবিষ্যতেও প্রেরণা প্রদান করে চলবে! আপনার লেখা আমাকে যথেষ্ট প্রভাবিত করেছে! আমার দৃঢ় বিশ্বাস যে, এই পুস্তক পড়ে আমি যেমন লাভবান হয়েছি... ঠিক সেই ভাবে এই পুস্তক অন্যদেরও জবরদস্ত রূপে প্রেরিত করে তুলবে!

– ডঃ কিরণ বেদী
ম্যাগসেসে পুরস্কার বিজয়ী,
প্রথম ভারতীয় মহিলা আই.পি.এস.

"জিতুন বা হারুন – তৈরী থাকুন" এক অদ্বিতীয় সৃষ্টি! আমি আপনার লেখা প্রতিটি শব্দের সাথে একমত! যদি আপনার কাছে কোন পরিকল্পনা থাকে, তবে তা কার্যে রূপান্তরিত করতে হবে... কারণ এনার্জী যতক্ষন না

কার্যে রূপান্তরিত হচ্ছে, ততক্ষন পর্যন্ত পরিকল্পনা একটা ভালো চিন্তাধারা হয়েই থেকে যাবে! সফল এবং সুখী জীবনের কামনায় লেখা এই পুস্তকটির অতুলনীয় সফলতা কামনা করি! একজন চিকিৎসক হওয়ার কারণে আপনাকে যথেষ্ট পরিশ্রম করতে হয়... তাই আপনার এই কাজ আরও বেশী প্রশংসার যোগ্য বলে আমি মনে করি! আমি আজ পর্যন্ত 24-টি পুস্তক লিখেছি, সেগুলোর মধ্যে 14-টি পুস্তক আমি চাকরী থেকে অবসর গ্রহণ করার পরে লিখেছি... কিন্তু আপনার কাজ আরও অনেক বেশী প্রশংসার যোগ্য... কারণ আপনি কেবলমাত্র শারীরিক পক্ষের ওপরেই নয়... বরং মানসিক এবং আত্মিক পক্ষের ওপরেও আলোকপাত করেছেন! আমি আপনাকে সেলাম জানাচ্ছ এবং আপনার আরও অনেক বেশী সফলতা কামনা করছি!

– জোগিন্দর সিংহ
প্রাক্তণ ডায়রেক্টর, সি.বি.আই. এবং
প্রখ্যাত লেখক

ডাঃ পাটনী মানুষের আত্মাকে ধরে নাড়া দেওয়া এবং উদ্বেলিত করায় বিশ্বাস করেন! ওনার ওয়ার্কশপগুলোয় সাধারণ বক্তাদের মত মিষ্টি আর খোশামোদপূর্ণ কণ্ঠস্বরে বক্তব্য রাখা হয় না! জোরালো কণ্ঠস্বরে উচ্চারিত ওনার শব্দগুলো লোকেদের কটু বাস্তবতার মুখোমুখি করিয়ে যেন তাঁদের গলার মধ্যে আটকে যায়। শ্রোতারা ওনার শব্দগুলোকে না পারেন গিলতে... না পারেন ওগড়াতে! কিছুক্ষনের মধ্যেই ব্যক্তির হীন ভাবনা এবং প্রতিরোধ শক্তি গায়েব হয়ে যায় আর কেবল গম্ভীরতার সাথে শেখার মুদ্রা অবশিষ্ট থেকে যায়!

– পার্সোনালিটি প্লাস

দৈনিক ভাস্করের সফলতার পাঠশালায় স্পীচ গুরু ডাঃ উজ্জ্বল পাটনী লোকেদের প্রভাবশালী বক্তা হয়ে ওঠার জন্য এবং জীবনে সফলতা পাওয়ার জন্য টিপ্স দেন! ঘণ্টার-পর-ঘণ্টা ধরে মহাগুরু বলতে থাকেন এবং লোকেরা মন্ত্রমুগ্ধের মতন শুনতে থাকেন!

– দৈনিক ভাস্কর

অসাধারণ প্রতিভার অধিকারী, বিখ্যাত সমালোচক এবং লেখক ডাঃ উজ্জ্বল পাটনী 2006 সালে ভারতের সর্বোচ্চ সম্মানিত পুরস্কার 'কমল পত্র' প্রাপ্ত করেন এবং পুনরায় আবার একবার নিজের অদ্ভূত প্রতিভার সাক্ষর রেখে সফলতার পতাকা ওড়াতে সক্ষম হন!

– হরিভূমি

'স্পীচ গুরু' নামে পরিচিত ডাঃ উজ্জ্বল পাটনী রচিত "সফল বক্তা সফল

ব্যক্তি" এই বছর ভারতের অন্যতম সফল পুস্তকের আখ্যা পেয়েছে ! "গ্রেট ওয়ার্ডস্, উইন হার্টস্" শুধুমাত্র ভারতে নয়, বিদেশেও বিখ্যাত হয়ে উঠেছে ! নেটওয়ার্ক মার্কেটিং-য়ের ওপরে ওনার কীর্তি "আসুন আনুন জিতুন"-কে নেটওয়ার্করা ভারতীয় লেখকদের দ্বারা লিখিত নেটওয়ার্ক প্রণালীর সর্বশ্রেষ্ঠ বই বলে মনে করছেন !

– নবভারত

ডাঃ উজ্জ্বল পাটনী এবং ওনার টীম 'লাইফক্রাফ্ট অদ্বিতীয় ইচ্ছার পরিচয় দিয়ে ভারতের ইতিহাসের প্রথম ভজন কেন্দ্রীক গিনীজ বিশ্ব রেকর্ড প্রাপ্ত করেছে ! ম্যানেজমেন্ট গুরু ডাঃ উজ্জ্বল পাটনীর প্রচণ্ড নেতৃত্ব ক্ষমতা এবং বিশেষ কার্য পরিকল্পনার জন্য কানাডার 23 ঘন্টার রেকর্ড ধ্বস্ত হয়ে পড়ে এবং 32 ঘন্টা 45 মিনিটের নতুন বিশ্ব রেকর্ডের সৃষ্টি হয় !

– জনসত্তা

ম্যানেজমেন্ট এবং স্পীচ গুরুর রূপে আন্তজার্তিক পরিপ্রেক্ষিতে দ্রুত গতিতে উঠে আসা ডাঃ উজ্জ্বল পাটনী সমস্ত ভারতকে গৌরবান্বিত করে তুলেছেন !

– জৈন গেজেট

This famous motivator & Speech Guru tells all you need to know about public speaking influencing & winning people by conversation. Dr, Ujjwal Patni is internationally known for his audio-video monitored workshpos.

– The Hitavada

বিখ্যাত বক্তা ডাঃ উজ্জ্বল পাটনী নিজের অপূর্ব কৃতির জোরে অত্যন্ত দ্রুত রাষ্ট্রীয় এবং আন্তজার্তিক ক্ষেত্রে নিজের উপস্থিতি প্রকট করছেন ! ওনার বিজয় সূত্র হচ্ছে বড় স্বপ্ন, ইতিবাচক চিন্তাধারা এবং বিশেষ কার্য পরিকল্পনা ! ডাঃ উজ্জ্বল পাটনী বহুমুখী ব্যক্তিত্ব সম্পন্ন এমন একজন ব্যক্তি... যাঁর সাথে মিলিত হওয়ার পরে আপনারা প্রভাবিত না হয়ে থাকতে পারবেন না !

– ক্রনিকল

ডাঃ উজ্জ্বল পাটনী হচ্ছেন একজন অপ্রতিরোধ্য সমালোচক ! উনি আপনাদের নেতিবাচক চিন্তাধারাকে কখন যে খেলার ছলে ধ্বংস করে সেগুলোকে ইতিবাচক চিন্তাধারায় পরিবর্তিত করে দেবেন... আপনারা জানতেই পারবেন না !

– ডঃ নীরজ ভরদ্বাজ
চৈতন্যহীনতার বিশেষজ্ঞ (ইংল্যান্ড)

নেটওয়ার্কিং গুরু এবং ম্যানেজমেন্ট বিশেষজ্ঞ
ডাঃ উজ্জ্বল পাটনী ঃ পরিচয়

ডাঃ উজ্জ্বল পাটনী হচ্ছেন এক বিখ্যাত বক্তা এবং প্রেরক! উনি পেশায় ডাক্তার এবং পাটনী সুপার স্পেশালিটি হাসপাতালের প্রতিস্হাপক! শেখার ইচ্ছা ওনাকে মানব সংসাধনে এম.বি.এ., রাষ্ট্র বিজ্ঞানে এম.এ., মানব অধিকার এবং উপভোক্তা সংরক্ষণের মত বিষয়তেও বিশেষ যোগ্যতা প্রাপ্ত করিয়েছে! উনি দেশের শীর্ষ নেটওয়ার্ক কোম্পানীগুলোর প্রশিক্ষণ পরামর্শদাতাও বটে!

ডাঃ পাটনী হচ্ছেন সার্টিফায়েড ব্যক্তিত্ব বিকাশের প্রশিক্ষক! উনি নিজের সেমিনার আর ওয়ার্কশপগুলোয় লাখো নেটওয়ার্কারদের নেটওয়ার্কিং-য়ের আর্ট, দ্রুত 'ডায়মন্ড' হয়ে ওঠার আর্ট, নেতিবাচক প্রস্পেক্টদের ইতিবাচক করে তোলার পদ্ধতি এবং লীডারশিপ ইত্যাদি বিষয়ে জবরদস্ত প্রশিক্ষণ প্রদান করেন! ডাঃ পাটনী এই ক্ষেত্রে নিজের সততা এবং পারদর্শী ভাষণের জন্য সুপরিচিত! লোকেদের জবরদস্ত রূপে প্রভাবিত করে তোলা এক প্রেরকের রূপে ওনার প্রিয় বিষয় হচ্ছ – দৃষ্টিভঙ্গী, জিতের মূল মন্ত্র, লীডারশিপ আন্‌লিমিটেড, প্রভাবশালী বার্তালাপের কলা, নিজে নিজের মার্কেটিং কি ভাবে করবেন এবং এক-অপরের জন্য! বহুমুখী শিক্ষা, মৌলিকতা এবং অদ্ভূত প্রয়োগশীলতা হচ্ছে ওনার বিশেষত্ব! ওনার বিচারধারা শ্রোতাদের মন-মস্তিষ্কের ওপরে গভীর প্রভাব বিস্তার করে!

সর্বদাই আলাদা কিছু করতে চাওয়ার ইচ্ছা নিয়ে ডাঃ পাটনীর নেতৃত্ব, কল্পনা এবং নির্দেশানুসারে ভারতের বহু উদীয়মান গায়ক এবং বাদক **গিনীজ বিশ্ব রেকর্ড** স্হাপন করতে সক্ষম হয়েছেন! ওনারা ভিলাইতে আয়োজিত *'সিঙ্গিং ম্যারাথন'* নামক এই আন্তজার্তিক অনুষ্ঠান দুনিয়ায় সব থেকে দীর্ঘ সময় ধরে লাগাতার ভজন গান করে কানাডার বিশ্ব রেকর্ড ভেঙে দেন এবং ভজন গানের ক্ষেত্রে ভারতের এটাই ছিল সর্বপ্রথম বিশ্ব রেকর্ড! এই অনুষ্ঠান ওনার উচ্চ চিন্তাধারা এবং নেতৃত্ব ক্ষমতার প্রতীক!

বিভিন্ন রাষ্ট্রীয় এবং প্রাদেশিক সংবাদপত্র, রেডিও, আন্তজার্তিক ওয়েবসাইট এবং শীর্ষস্হানীয় টি.ভি. চ্যানেলগুলোয় ওনার কৃতি লাগাতার দেখানো হতে থাকে! উনি *'সফল বক্তা সফল ব্যক্তি'*, *'Great Words, Win Hearts'*, *'আসুন আনুন জিতুন'*-য়ের মত বেষ্টসেলার পুস্তকের লেখক!